U0877606

人际关系心理学

宿文渊／编著

线装书局

前 言

PREFACE

心理策略是一门人际关系心理学的实用技术，它把心理学的知识和规律变成我们可以影响他人的武器。世界上所有的人都有可能陷入影响与被影响的关系中，人际关系中的强者正是借助各种情绪、言行等心理策略和技巧来影响对方，以达到预设的目的。

无数的事实证明，那些声名显赫的成功人士之所以能够成功，其中一个重要的原因就是：他们比我们更清楚自己想要获得成功，就要在别人身上多下功夫。研究发现，商界精英、政治领袖等各界的风云人物大都具有超强的心理影响能力。他们具有敏锐的洞察力，会比普通人更仔细地观察他人，能够轻易地洞悉他人的心理和本性，并懂得运用相关的心理学策略来影响身边的人，从而更好地应对和处理工作与生活中的各种问题。这种擅长使用小技巧解决大问题的本领，正是他们优于常人的显著特点。对这些能够洞悉他人、影响他人的心理策略，人们通常以为它们神秘至极，其实质上，它们运用的都是一些非常普通的方法和技巧。

心理策略能够让你像“魔鬼”一样思考，而像“天使”一样受人欢迎。每一个人都离不开与他人的交往。但是，为什么有些人在人际交往中会如鱼得水、左右逢源；而有些人却举步维艰、进退维谷呢？恰当地使用心理策略，可以让你在人际交往中无往不利，拥有并自由调控海量人脉资源，让他人自觉自愿甚至主动地为你排忧解难、创造良机。利用心理策略，就可以迅速知晓对方想听的和不想听的、想要的和不想要的、喜欢的和不喜欢的，以及对方担心的和顾虑的等，从而透过显而易见的表象，分析其背后隐藏的真实心理，掌控人际交往的主动权，成为人际博弈大赢家。对于人际关系中的赢家来说，仅仅是扫除绊脚石并不是真正的目的，将绊脚石转化为垫脚石才是真正的智慧。

高超的心理策略能让你赢得成功的人生。有一只看不见的手在操纵着你我的生活，这只手就是人的心理。洞察人性的心理弱点，利用人性的心理弱点，在人际交往中会说话、会办事，用小策略解决大问题，正是心理策略的意义所在。世界上的大部分竞争都可以牵涉、应用到心理策略。爬山要懂山性，游泳要懂水性，成功要懂人性，掌握了心理策略，就能够掌握对方的心理变化，削弱对方的自信，掌控对方的情感，按照自己的意愿影响对方。心理策略渗透于日常生活中的每个角落，与人们的生活、学习、工作都有着非常密切的关系。在生活中，每个人的行为都受到自己心理的支配。不同的人有不同的心理，心理决定着一个人的想法，也决定着一个人的行为。掌握并自如运用心理策略，可以让你轻易达到你所希望达到的目的。

本书从现实出发，最终又回到现实，相信每一位读者都能够从本书中找到自己需要的心理策略。只要你真正领会了心理学的奥妙，你就能将人生的主动权握在手中，人生之路就会越走越通畅。

目录
CONTENTS

上篇

巧用心理策略，赢得认同和支持

中篇 洞悉人性，掌控人际关系

第一章 / 洞悉人性，拿捏分寸

第二章 / 以心交心，互惠互利

第三章 / 将心比心，换位思考

第四章 / 以心治心，掌控主动

下篇 见微知著，掌握心理密码

第一章 / 察言观色的心理策略

第二章 / 洞悉人心的心理策略

上 篇

巧用心理策略，赢得认同和支持

第一章

让对方开始喜欢你的心理策略

想让别人喜欢你，先去喜欢别人

维也纳一位著名的心理学家阿尔弗雷德·阿得勒写过一本书——《生活对你的意义》。在那本书里，他说："一个不关心别人，对别人不感兴趣的人，他的生活必然遭受重大的阻碍和困难，同时会给别人带来极大的损害与困扰。所有人类的失败，都是由于这些人才发生的。"

一个人如果只关心自己，他很难成为一个被人喜欢的人。要成为受人敬重的人，必须将你的注意力从自己的身上转到别人的身上去。哲学家威廉姆斯说："人性中最强烈的欲望便是希望得到他人的敬慕。"这句话对于"别人"也同样适用，他人也希望得到你的敬慕。如果你只是过度关心你自己，就没有时间及精力去关心别人。别人无法从你这里得到关心，当然也不会注意你。

伍布奇先生是一家公司的总裁，著名的销售专家，当人们问及一个成功的销售员该具备哪些基本条件时，伍布奇先生脱口而出："当然是喜欢别人。还有，一个人必须了解自己公司的产品而且对产品有信心，工作要勤奋，善于运用积极思想。但是，最重要的是他一定要喜欢他人。”

这个故事告诉我们，受人欢迎是销售员素质的某种表现形式，因为从某种程度上讲，你在推销产品的同时，也在“推销”自己。将这一点扩大到人际交往的层面上来，当一个人可以真心地喜欢他人时，他一定会招人喜欢。所以，要获得他人的喜爱，首先必须要真诚地喜欢他人。当然，这种喜欢必须是发自内心的，而非别有所图的虚情假意。

如果你要别人喜欢你，请对别人表现出诚挚的关切。这是西奥多·罗斯福异常受欢迎的秘密之一，甚至他的仆人都喜爱他。他的那位黑人男仆詹姆斯·亚默斯写了一本关于他的书，取名为《西奥多·罗斯福，他仆人的英雄》。在这本书中，亚默斯说了一个个富有启发性的事件：

“有一次，我太太问总统关于一只鹑鸟的事。她从没有见过鹑鸟，于是他详细地描述一番。没多久之后，我们小屋的电话铃响了。我太太拿起电话，原来是总统本人。他说，他打电话给她，是要告诉她，她窗口外面正好有一只鹑鸟，又说如果她往外看的话，可能看得到。他时常做出类似的小事。每次他经过我们的小屋，即使他看不到我们，我们也会听到他轻声叫出：‘呜，呜，呜，安妮！’或‘呜，呜，呜，詹姆斯！’这是他经过时一种友善的招呼。”关于这一点，罗斯福本人的实例更是一个有力的证明。

有一天，罗斯福到白宫去拜访，碰巧塔夫脱总统和他太太不在。他真诚喜欢卑微身份者的情形全表现出来了，因为他向所有白宫旧仆人打招呼，都叫出名字来，甚至厨房的小妹也不例外。“当他见到厨房的亚丽丝时，”亚默斯写道，“就问她是否还烘制玉米面包，亚丽丝回答说，她有时会为仆人烘制一些，但是楼上的人都不吃。‘他们的口味太差了，’罗斯福有些不平地说：‘等我见到总统的时候，我会这样告诉他。’亚丽丝端出一块玉米面包给他，他一面走到办公室去，一面吃，同时在经过园丁和工人的身旁时，还跟他们打招呼……他对待每一个人，就同他以前一样。他们仍然彼此低语讨论这件事，而艾克胡福眼中含着泪说：‘这是将近两年来我们唯一有过的快乐日子，我们中的任何人，都不愿意把这个日子跟一张百元大钞交换。’”

从现在开始，真诚、友善地去喜欢你周围的人吧！相信，这也将会让他们真诚、友善地喜欢你！

第一印象塑造好，便可在对方心中建立深刻印象

日常生活中，我们都有过这样的体验，初次与人见面时，对方的相貌、举止、言语、风度等某些方面会迅速地映在你的脑海中，形成最初感觉，即第一印象。第一印象主要源于人的直觉观察，根据直觉观察到的信息加以综合评判，然后以某种形式固定下来。

卡耐基认为，在社交活动中，第一印象很重要。它是在没有任何成见的基础上，完全凭着你的“自我表现”来判断的，因而第一印象直观、鲜明、强烈而又牢固。如果你的相貌俊美，举止端庄大方，言语机智，谈吐风趣幽默，风度翩翩，谦虚而不自卑，自信而

不固执，倔强而不狂妄，你就会给人留下美好而难忘的印象。

当然，人无完人，所有的优点和美德不可能都集中在一个人身上。但你若具有其中某一方面或某一方面的某一点，再扬长避短，将其发扬光大，也同样可以获得最佳效果。

第一印象的好坏，决定着社交活动能否继续下去。第一印象好，人家就愿意和你进一步来往，通过一段时间的相识与了解，人家觉得你的确不错，你们的关系就会顺畅发展。如果对方是你的客户，你在事业上就多了一个合作伙伴；如果对方是你的同事，你在工作中就多了一个支持者；如果对方是你的邻居，你在生活中就多了一个朋友。第一印象不好，你与人家的交往便不得不就此止步了，因为人家不想再见到你。纵然你有多么美好的动机，多么宏伟的蓝图和构想，也只能化成泡影了。

第一印象直接影响着对一个人的评价。一个人的言谈举止，是构成人们对他直接评价的主要因素。许多人在初次交往时，就很快被对方所接受，或奉为事业的楷模，或尊为学业上的恩师，或敬为思想上的领袖，或求为人生的伴侣。

第一印象的烙印是非常深刻的，很长时间都不容易被改变。在许多回忆录中，我们常常可以读到这样一段话："他还是老样子，像我第一次见到他的时候。"多少年以后，历史的变化更加之岁月的沧桑，一个人怎么会没有变化呢？但在作者眼里，对方还是他初次见到的模样。事实上不是对方依然如故，而是作者脑中的第一印象太深刻了，没有随着时间的流逝而改变。

中国老百姓中流传着这样一句话："到了新环境，头三脚踢开，以后就容易了。"与人交往也是同样的道理，在他人心中的第一印象塑造好了，日后才容易春风得意。

把握好开始五分钟攀谈，以后交流自然顺畅

人们第一次相遇，需要多长时间决定他们能否成为朋友？美国伦纳得·朱尼博士在所著的一本书中说：“交际的点，就在于他们相互接触的第一个 5 分钟。”朱尼博士认为：“人们接触的第一个 5 分钟主要是交谈。在交谈中，你要对所接触的对象谈的任何事都感兴趣。无论他从事什么职业、讲什么语言、以什么样的方式，对他说的话都要耐心倾听。如果你这样做了，你会觉得整个世界充满无比的情趣，你将交到无数的朋友。”

而许多人同陌生人说话都会感到拘谨。建议你先考虑一个问题，为什么你跟老朋友谈话不会感到困难？很简单，因为你们相当熟悉。相互了解的人在一起，就会感到自然协调，而对陌生人却一无所知，特别是进入了充满陌生人的环境，有些人甚至怀有不自在和恐惧的心理。你要设法把陌生人变成老朋友，首先要在心目中建立一种乐于与人交朋友的愿望，心里有这种要求，才能有行动。

以到一个陌生人家去拜访为例：如果有条件，首先应当对要拜访的客人作些了解，探知对方一些情况，关于他的职业、兴趣、性格之类。

当你走进陌生人住所时，你可凭借你的观察力，看看墙上挂的是什么？国画、摄影作品、乐器都可以推断主人的兴趣所在，甚至室内某些物品会牵引出一段故事。如果你把它当作一个线索，就可以由浅入深地了解主人心灵的某个侧面。当你抓到一些线索后，就

不难找到开场白。

如果你不是要见一个陌生人，而是参加一个充满陌生人的聚会，观察也是必不可少的。你不妨先坐在一旁，耳听眼看，根据了解的情况，决定你可以接近的对象。一旦选定，不妨走上前去向他作自我介绍，特别对那些同你一样，在聚会中没有熟人的陌生者，你的主动行为是会受到欢迎的。

应当注意的是，有些人你虽然不喜欢，但必须学会与他们谈话。当然，人都有以自我兴趣为中心的习惯，如果你对自己不感兴趣的人不瞥一眼，一句话都不说，恐怕也不是件好事。别人会认为你很骄傲，甚至有些人会把这种冷落当作侮辱，从而产生隔阂。和自己不喜欢的人谈话时，第一要有礼貌；第二不要谈论有关双方私人的事，这是为了使双方自然地保持适当的距离，一旦你愿意和他结交，就要一步一步设法缩小这种距离，使双方容易接近。

在你决定和某个陌生人谈话时，不妨先介绍自己，给对方一个接近的线索，你不一定先介绍自己的姓名，因为这样人家可能会感到唐突。不妨先说说自己的工作单位，也可问问对方的工作单位。一般情况下，你先说了自己的有关情况，人家也会相应告诉你他的有关情况。

接着，你可以问一些有关他本人的而又不属于秘密的问题。对方有一定年纪的，你可以问他子女在哪里读书，也可以问问对方单位一般的业务情况。对方谈了之后，你也应该顺便谈谈自己的相应情况，才能达到交流的目的。

和陌生人谈话，要比对老朋友更加留心对方的谈话，因为你对他所知有限，更应当重视已经得到的任何线索。此外，他的声调、眼神和回答问题的方式，都可以揣摩一下，以决定下一步是否能纵深发展。

有人认为见面谈天气是无聊的事。其实，这要具体问题具体分析。如果一个人说："这几天的雨下得真好，否则田里的稻苗就旱死了。"而另一个则说："这几天的雨下得真糟，我们的旅行计划全给泡汤了。"你不是也可以从这两句话中分析两人的兴趣、性格吗？退一步说，光是敷衍性的话，在熟人中意义不大，但对与陌生人的交往还是有作用的。

如遇到那种比你更羞怯的人，你更应该跟他先谈些无关紧要的事，让他心情放松，以激起他谈话的兴趣。和陌生人谈话的开场白结束之后，特别要注意话题的选择。那些容易引起争论的话题，要尽量避免，为此当你选择某种话题时，要特别留心对方的眼神和小动作，一发现对方厌倦、冷淡的情绪时，应立即转换话题。

在与人聚会时，常常会碰到请教姓名的事，"请问你尊姓大名"。你要牢牢记住对方的姓名，对方说出姓名之后，你应立即用这个名字来称呼他，当碰到一个你可能已经忘记了名字的人，你可以表示抱歉，"对不起，不知怎么称呼您？"也可以说半句"您是——""我们好像——"，意思是想请对方主动补充回答，如果对方老练，他会自然地接下去。

学会和陌生人攀谈，谁都可能成为你的朋友。

适时附和，更容易讨对方欢心

我们曾提到过，多听别人说，自己才能了解得到对方更多的信息。然而，不是每个听力正常的人都懂得倾听的艺术，尤其是想讨对方欢心的时候，仅仅靠听就完全不够了，更重要的是要会适时附和对方。不信，看看下面的例子就知道了。

有人做过这样一个实验，来证明听者的态度对说者有着极大的影响。

实验者让学生表现出一副心不在焉的样子，结果上课的教授照本宣科、不看学生、无强调、无手势；让学生积极投入——倾听，并且开始使用一些身体语言，比如适当的身体动作和眼神的接触。结果教授的声调开始出现变化，并加入了必要的手势，课堂气氛就此生动起来。

由此看出，当学生表现出一副心不在焉的样子，教授因得不到必要的反应而变得满不在乎起来；当学生改变态度，用心去倾听时，其实是从一个侧面告诉教授：你的课讲得好，我们愿意听。这就是无声的赞美，并且起到了积极的效果。

从上面的例子也可以看出，倾听时加入必要的身体语言，是非常有必要的。

行动胜于语言。身体的每一部分都可以显示出激情、赞美的信息，也可增强、减弱或躲避、拒绝信息的传递。精于倾听的人，是不会做一部没有生气的录音机的，他会以一种积极投入的状态，向说话者传递“你的话我很喜欢听”的信息。

录音机是没有眼睛的，俗语说：“眼睛是心灵的窗口。”适当的眼神交流可以增强听的效果。这种眼神是专注的，而不是游移不定的；是真诚的，而不是虚伪的。发自灵魂深处的眼神是动人心魄的。

录音机做不了“小动作”，而倾听者则必须做一些“小动作”。身体向对方稍微前倾，表示你对说者的尊敬；正向对方而坐，表明“我们是平等的”，这可使职位低者感到亲切，使职位高者感到轻松。自然坐立，手脚不要交叉，否则会让对方认为你傲慢无礼。倾听时和说话人保持一定的距离，恰当的距离给人以安全感，使说话者觉得自然。动作跟进要合适，太多或太少的动作都会让说者分心，让他认为你厌烦了。正确的动作应该跟说话者保持同步，这样，说话者一定会把你当作“知心人”。

倾听并不意味着默默不语，除了做一些必要的“小动作”外，还得动一动自己的嘴。恰当的附和不但表示了你对说者观点的赞赏，而且还对他暗含鼓励之意。

当你对他的话表示赞同时，你可以说：

“你说得太好了！”

“非常正确！”

“这确实让人生气！”

这些简洁的附和让说话者为想释放的情感找到了载体，也表明了你对他的理解和支持。

同时，听者还可以用一些简短的语句将说者想传达的中心话题归纳一下，能够使说者的思想得以凸显和升华，同时也能提高听者的位置。

用好“您”字，会让你更受欢迎

你想让你的谈话取得良好效果吗？那么，在你与人交谈时，请选择他们感兴趣的话题。什么是他们最感兴趣的话题呢？当然是他们自己！

当你与他们谈及他们自己时，他们就会兴致勃勃，且完全着迷，他们对你的好感会油然而生。当你与人们谈及他们自己时，你是在顺应人性；当你与人们谈论你自己时，你是在违背人性。

你真的想成为最会说话的人吗？那么，从现在起，把“我，我自己，我的”这几个词从你的词典中删除出去。你要开始用另一个词，一个人类语言中最有力的词来代替它——“您”！例如：“这是给您做的”“您会从中得到好处”“假如您这么做，您将会从中受益无穷”“这将会给您的家庭带来欢乐”等。

当你能放弃谈论自己和使用“我、我自己、我的”这几个词而产生满足感时，你的办事效率，你的影响力、号召力将会大大提高。虽然要做到这一点是有难度的，而且需要不断地练习，但是一经付诸实践，它给予你的回报，将会让你觉得这样做非常值得。

还有一种利用“人们关心自己”这一特点的方式是，让他们谈论他们自己。这时，你会发现人们热衷于谈论自己胜过任何话题。要是你能够巧妙地引导人们谈论他们自己，他们将会很喜欢你。

大多数人很难对别人产生影响力或号召力，这是由于他们总是忙着考虑自己，忙着谈论自己，忙着表现自己。但是，请记住这样一个事实：你是否对谈话感兴趣并不重要，重要的是你的听众是否对谈话感兴趣。除非你不想成为会说话的人，除非你想把你的人际关系搞坏。所以，当你与人谈话时，更多地谈论对方，并引导对方谈论他们自己吧！

这样，你就一定能够成为一名最受欢迎的、最会说话的人。不过，需要注意的是，有些时候“您”可以换成“你”字，具体需要视情况而定。

到什么山头唱什么歌，不同人要区别对待

中国有句谚语：“到什么山唱什么歌，见什么人说什么话。”说话不看对象，常常让别人无法理解自己的本意，从而在无形之中与别人拉开了距离。反之，了解了对方的情况，并依据其情况，寻找与之相适应的话题，双方就会觉得谈话比较投机，彼此在距离上也显得比较亲密。对方会觉得你是一个极具亲和力的人，从而愿意与你相处。

几乎没有一个人在说话的时候不考虑到彼此的身份。不分对象，不看对方身份，都用一样的口气说话，是幼稚无知的表现。下级对上级、晚辈对长辈、学生对老师、普通人对有名气地位的人等，不必表现得屈从、奉迎，但在言谈举止上也不要过于随便，而且有必要表现得更加尊重一些。在不是十分严肃隆重的场合，身份较高的人对身份较低的人说话越随和风趣越好，而身份较低的人对身份较高的人说话则不宜太过随便，尤其在公众场合，说话要恰如其分地把握好自己与听者的身份差别。地位则是个人在团体组织中担任的职位和在社会关系中所处的位置。个人的社会地位不同，就会有不同的人生经历、素质层次、社会职责和交际目的，对口才表达也会

产生不同的需求。

例如，与上司说话，或探讨工作，我们应该尽量向上司多请教工作方法，多讨教办事经验，他会觉得你尊重他，看得起他。所以，在工作和办事过程中，即使你全都懂，也要装出有不明白的地方，然后主动去问上司："关于这件事，我不太了解，应该如何办？"或"这件事依我看来这样做比较好，不知局长有何高见？"

上司一定会很高兴地说："嗯，就照这样做！"或"这个地方你要稍微注意一下！"或"大体这样就好了！"如此一来，我们不但会减少错误，上司也会感到自身的价值，而有了他的帮助和支持，后面的事情就好办得多了。

和人交谈要看对方的身份、地位，还要看对方的性格特点，针对他的不同特点，采取不同的说话方式，这样才有利于解决问题。

春秋时期的纵横家鬼谷子先生指出："与智者言依于博，与博者言依于辨，与辩者言依于要，与贵者言依于势，与富者言依于豪，与贫者言依于利，与卑者言依与谦，与勇者言依于敢，与愚者言依于锐。"意思是说：和聪明的人说话，须凭见闻广博；与见闻广博的人说话，须凭辨析能力；与善于辩论的人交谈，要懂得抓住重点，简明扼要；与地位高的人说话，态度要轩昂；与有钱的人说话，言辞要豪爽；与穷人说话，要动之以利；与地位低的人说话，要谦逊有礼；与勇敢的人说话不要怯懦；与愚笨的人说话，可以锋芒毕露。

另外，可以通过对方无意中显示出来的态度及姿态，了解他的心理，有时能捕捉到比语言表露更真实、更微妙的思想。例如，对方抱着胳膊，表示在思考问题；抱着头，表明一筹莫展；低头走路，步履沉重，说明他心灰气馁；昂首挺胸，高声交谈，是自信的流露；

真正自信而有实力的人，反而会探身谦虚地听取别人的讲话；抖动双腿常常是内心不安、苦思对策的表现，若是轻微颤动，就可能是心情悠闲的表现。对请托对象的了解，不能停留在静观默察上，还应主动侦察，采用一定的策略，才能够迅速准确地把握对方的思想脉络和动态，从而顺其思路进行引导，这样的交谈易于成功。

与人说话沟通必须看清对方的文化层次。埋头做事者常常是事业心很强或对某事很感兴趣的人，一旦开始做事，便全身心投入，不愿再见他人。这种人往往惜时如金、爱时如命、铁面无情。要敲开这种人的门，首先不要怕碰"钉子"，还要有足够的耐性，并且要善于区分不同情况，再对症下药。

毕加索的妻子弗朗索瓦兹·吉洛特十分爱好绘画，一入画室便不容有人打扰。一次她正在作画，儿子小科劳德想让妈妈带他去玩，便敲响了门，可吉洛特已全身心投入到绘画上，听到敲门声和儿子的喊声，只是回应了一声"哎"，仍旧埋头作画。停了一会儿，门还没开，儿子又说："妈妈，我爱你。"可得到的回应也只是："我也爱你呀，我的宝贝儿。"但门还是没开。儿子又说："我喜欢你的画，妈妈。"

吉洛特高兴了，她答道："谢谢！我的心肝，你真是个小天使。"可仍旧不去开门。儿子又说："妈妈，你画得太美了。"吉洛特停下笔，但没有说话，也没有动。儿子又说："妈妈，你画得比爸爸好。"吉洛特的画当然不会比丈夫——绘画艺术大师毕加索画得更好，但儿子的话却句句说到了她的心里，她也从儿子那夸大的评价中感受到了儿子的迫切心情，于是她把门打开了。

自命清高者常常是洁身自好的墨客或仕途失意的文人，或者是那些自命不凡、看破红尘的人。这种人文化层次一般都较高，他们自以为比别人高明，不愿与常人交往，却希望同有才华的人结交。因此，要顺利地叩开这种人的大门，最有效的办法就是善于表现自己，设法展示出自己的才华，引起他的爱才心理。

第二章

令对方赞同的心理策略

抓住对方的心理，把话说到点子上

要想让对方接受你的劝说，首先要了解对方的心理，再通过对方感觉不到的小小压力渐渐地使他消除戒备心理，这是很奏效的。

与人交谈时，话题的展开如果能迎合对方的心理，就能以更加牢固的纽带来连接双方心理上的“齿轮”，增进彼此的情感交流。我们往往都认为，只要说得有理对方就一定能接受，但是，要使对方真正理解并能彻底接受，就应该将沟通渠道建立在这种理论对话下的心理上。

小吴大学毕业以后决心自谋职业。一次，他在一家报纸的广告里看到某公司要招聘一位具有特殊才能和经验的专业人员。小吴没有盲目地去应聘，而是花费了很多精力，广泛收集该公司经理的有关信息，详细了解这位经理的奋斗史。那天见面之后，小吴这样开口：

“我很愿意到贵公司工作，我觉得能在您手下做事，是最大的光荣。因为您是一位依靠奋斗取得事业成功的人物。我知道您28年前创办公司时，只有一张桌子、一位职员和一部电话机，经过您的艰苦奋斗，才有了今天的事业。您这种精神令我钦佩，我正是奔着这种精神才前来接受您的挑选的。”

所有事业有成的人，差不多都乐于回忆当年奋斗的经历，这位经理也不例外。小吴一下子就抓住了经理的心，这番话引起了经理的共鸣。因此，经理乘兴谈论起他自己的成功经历，小吴始终在旁洗耳恭听，以点头来表示钦佩。最后，经理向小吴很简单地问了一些情况，终于拍板：“你就是我们所需要的人。”

要想把话说到点子上，就必须抓住对方的心理。如果不知对方心里所想所需，是无法说到点子上的。就像一个神枪手，如果蒙上他的眼睛，再让他去找一个目标，那么他只能凭感觉去打，这是难以击中目标的。所以，与人说话时，必须要洞察、迎合对方的心理，才能说到点子上。

利用人们的逆反心理来说话

“请不要阅读第七章第七节的内容。”这是一个作家写在其著作扉页上的一句饶有趣味的话。后来，这个作家做了一个调查，不由得笑了，因为他发现绝大部分的读者都是从第七章第七节开始读他的著作的，而这就是他写那句话的真正目的。

当别人告诉你“不准看”时，你就偏偏要看，这就是一种“逆反心理”。这种欲望被禁止的程度越强烈，它所产生的抗拒心理也就越大。所以如果能善于利用这种心理倾向，不仅可以将顽固的反对者软化，使其固执的态度发生 180 度的大转变，而且可以打破对手原有的意念，让他按你的意思去办。

某建筑公司的李工程师，有一次说服了一个刚愎自用的人。有一个工头，他常常坚持反对一切改进的计划。李工程师想换装一个新式的指数表，但他想到那个工头必定要反对，于是李工程师去找他，腋下挟着一个新式的指数表，手里拿着一些要征求他意见的文件。当大家讨论着关于这些文件中的事情的时候，李工程师把那指数表在左腋下移动了好几次，工头终于先开口了："你拿着什么东西？"李工程师漠然地说："哦！这个吗？这不过是一个指数表。"工头说："让我看一看。"李工程师说："哦！你不要看了。"并假装要走的样子，接着说，

"这是给别的部门用的，你们部门用不到这东西。"但是，工头又说："我很想看一看。"当他审视的时候，李工程师就随便但又非常详尽地把这东西的效用讲给他听。他终于喊起来："我们部门用不到这东西吗？它正是我想要的东西呢！"李工程师故意这样做，果然很巧妙地把工头说动了。

逆反心理并不是只有在那种顽固的人身上才有，其实每一个人身上都长着一根"反骨"。

某报曾连载过一篇以父子关系为主题的记事文章《我家的教育法》，叙述了某社会名人的孩子在学校挨了顿骂后便非常怨恨他的老师，甚至想"给他一点颜色瞧瞧"，他父亲听了也附和道："既然如此，不妨就给他点颜色看，"但接着又说，"纵使你达到报复的目的，

但你却因此而触犯了法律，还是得三思才是。”听父亲这样一说，儿子便打消了报复的念头。

如果有一个人站在高楼顶上欲跳楼自杀，而旁人也在拼命说些“不要跳”或“不要做傻事”之类的话，更是助长了他跳楼的意念；相反，若你说：“如果你真想跳的话，那就跳吧！反正你死了之后问题还是没有解决。”

他必定会感到很泄气，没料到旁人竟不予阻止，反而鼓励他跳下去，这完全背离了他原先的期待。这种对于劝阻的期待，一旦为他人所背离，反会失去原有的意念。

可见，无论男性女性，长者幼儿，他们内心多多少少都带有一些逆反心理，只要我们善于抓住那一根“反骨”，轻轻一扭，就连“皇帝”也会按照你的意思去办事。这的确不失为一种省心省力又奏效的说服方法。

用富有热情和感染力的语言影响对方

你的目标如果是说服，那么请记住动之以情比晓之以理的效果更大。因为，演讲者以充满感情和富有感染力的热情来表达自己的思想时，听众很少会产生相反的意念。

要激起情感，自己必须先热情如火。不管一个人能够编造出多么精妙的词句，不管他能搜集多少例证，不管他的声音多美妙，手势多优雅，倘若不能真诚讲述，这些都只是耀眼的装饰罢了。

要使听众印象深刻，先得自己有深刻印象。你的精神因为你的双眼而闪亮发光，因为你的声音而辐射四方，并因为你的态度而自我焕发，它便会与听众产生有效地沟通。每次演讲时，特别是在自认为目的是要说服听众时，你的一举一动总是决定着听众的态度。你如果缺乏热情，他们也会冷淡。“当听众们昏昏欲睡时，”亨利·华德·毕丘这么写道，“只有一件事可做，给招待员一根尖棒，让他去狠刺演讲者。”

一次，在哥伦比亚大学，卡耐基是三位被请上台去颁发“寇蒂斯奖章”的裁判之一。有六位毕业生全都经过精心准备，全都急于好好表现自己。他们绞尽脑汁只为获得奖章，而少有或根本没有说服的欲望。

他们选择题目的唯一标准，是这些题目容易在演讲中发挥。没有人对他们的演讲感兴趣，他们一连串的演讲仅是一种艺术表演而已。唯一的例外是一位来自非洲的王子，他选的题目是“非洲对现代文明的贡献”。他所吐露的每个字里都包含着强烈的情感。他的演讲是出于信念和热情的活生生的东西，而不仅仅是表演。他演讲时如同他是祖国的代表，是他那片大陆的代表——充满智慧、品格高尚、满腔善意。他带给人们一种信息，就是他的人民的希望；他也同时带来一项请求，即渴望听众的了解。

虽然在演讲技巧方面他可能不比竞争者中的另外几位表现更佳，但裁判们还是把奖章颁给了他。这位非洲王子在这里以自己的方式学到了一课：仅运用理智是不能在演讲中把自己的个性投射于别人身上的，必须展现出你对于自己所讲的内容有多么深挚的信念。

顺言逆意归谬法，让强势的他也点头

实践已使许多人懂得，当我们面对强势、恶势的人，或者固执己见的人时，直接反驳其错误会有诸多的不便，而最有效、最巧妙的方法当属归谬说服方式了。

所谓归谬说服，与直接反驳对方的错误观点大相径庭，它是先假设对方的观点言之有理，然后据此引申出一个连对方也不得不承认其荒谬的结论，从而心甘情愿地放弃原有的错误观点和主张，无条件地接受说服者输出的思想信息。

优孟是楚国的艺人，身高八尺，喜欢辩论，常常用诙谐的语言婉转地进行劝谏。

楚庄王有一匹心爱的马，他给它穿上锦绣做的衣服，让它住在华丽的房子里，用挂着帷帐的床给它做卧席，用蜜渍的枣干喂养它。结果马得肥胖病死了，于是庄王让臣子们给马治丧，要求用棺椁殡殓，按照安葬大夫的礼仪安葬它。群臣纷纷劝阻，认为不能这样做。庄王急了，下令说："有谁敢因葬马的事谏诤的，立即处死。"

优孟听到这件事，走进宫门，仰天大哭。庄王吃了一惊，问他为何而哭。优孟说："这马是大王所心爱的，堂堂的楚国，只按照大夫的礼仪安葬它，太寒碜了，请用安葬国君的礼仪安葬它吧。"庄王问："怎么葬法？"优孟回答说："我建议用雕花的玉石和花纹精美的樟木分别做内、外层棺材，发动士兵给它挖掘墓穴，让年老体弱的人背土筑坟，请齐国、赵国的代表在前面陪祭，请韩国、魏国的代表在后头守卫，要盖一所庙宇用牛羊猪祭供它，还要找个万户的大县长年管祭祀之事。我想各国听到这件事，就都知道大王轻视人而重视马了。”庄王说：“我的过错竟然到了这个地步吗？现在该怎么办呢？”优孟说：“让我替大王用对待六畜的办法来安葬它。堆个土灶做外椁，用口铜锅当棺材，调配好姜枣，再加点木兰，用稻米做祭品，用火光做衣服，把它安葬在人们的肚肠里吧！”庄王当即就派人把死马交给太官，以免天下人张扬这件事。

在说服他人的过程中，抓住对方观点中隐蔽的荒谬点加以推衍，或由此及彼，或由小到大，或由隐到显，最后得出一个荒谬可笑的结论，从而攻破对方错误的论点。这种说服方法用在对待某些恶人时，会达到一种辛辣讽刺的效果，使其知难而退，从而达到软性说服的目的。

说服可以说是无处不在的，面对朋友、家人、同事，甚至陌生人时，说服都有可能发生。而当我们面对强势或恶势的时候，说服尤为困难，在这两者面前，说服最适宜采用引申归谬的方法。

必要时刻，向对方适当提出挑战

有些事情，当我们靠批评惩罚，或者表扬的手段解决不了的时候，可以考虑这样一种策略——给他人提出一种挑战，然后让他们自我面对。这也许比我们手拿鞭子紧随其后的效果要好得多。因为他们更清楚自己眼下的处境，更明白自己应该怎么去做。

史考伯曾说过：“要使工作能圆满完成，就必须激起竞争，提出挑战，激起超越他人的欲望。”史考伯是这么说的，也是这么做的。

有一次，查尔斯·史考伯到下面一家工厂去，工厂经理来反映他的员工一直无法完成他们分内的工作。

他说：“我向那些人说尽好话，我又发誓又诅咒，我也曾威胁要开除他们，但事实上一点用也没有，还是无法达到预定的生产效率。”

当时日班已经结束，夜班正要开始。史考伯要了一根粉笔，然后，他问最靠近他的一名工人：“你们这班今天制造了几部暖气机?”“6部。”史考伯不说一句话，在地板上用粉笔写下一个大大的阿拉伯数字6，然后就走开了。夜班工人进来时，他们看到了那个“6”字，就问这是什么意思。

“大老板今天到这儿来了，”那位日班工人说，“他问我们制造了几部暖气机，我们说6部。他就把它写在地板上。”

第二天早上，史考伯又来到工厂里。夜班工人已把“6”擦掉，写上一个大大的“7”字。

日班工人早上来上班时，看到了那个很大的“7”字。原来夜班工人认为他们比日班工人强，是吗？好吧，他们要向夜班工人还以颜色。他们努力地加紧工作，那晚他们下班时，留下一个颇具威胁性的“10”字。情况显然逐渐好转。

不久之后，这家产量一直落后的工厂，终于比其他工厂生产得更多了。

足见，史考伯将“向对方适当提出挑战”的策略运用得如此恰到好处。其实，这招在政治领域同样适用。如果没有人向他提出挑战，西奥多·罗斯福可能就不会成为美国总统。

当时，这位义勇骑兵队的一员刚从古巴回来，就被推举出来竞选纽约州州长。结果，反对党发现他不是该州的合法居民，罗斯福吓坏了，想退出。但这时，托马斯·科力尔·普列特向他提出挑战。他突然转身面对罗斯福，大声喊道："圣璜山的这位英雄，难道只是一名懦夫？"罗斯福在这一激将之下继续奋斗下去，其余的事情就已成为历史了。一个挑战不只改变了他的一生，而且也影响了一个国家的命运。

这说明了挑战是任何成功者都喜爱的一种竞技，一种表现自己的机会；那是证明自身价值、争强斗胜的机会。正如卡耐基所说的那样"光用薪水是留不住好员工的，还要靠工作本身的竞争"。每个成功的人都喜爱竞争和自我表现的机会，以证明他自己的价值。

所以，如果你要使有精神、有勇气的人接受你的想法，就请记住这个说服的重要原则——提出挑战。

容忍对方的反感，让他不再反感

你以前可能会常常见到这样的情况：直到昨天关系还一直很好的两个同学，今天早上见面后却如同陌路，原因是"迈克背地里向杰克说我的坏话"。如果你想说服他应该与你重归于好，他当然不会理你，而且会把脸扭过去，把背朝向你，以示"报复"。他会认为"我一直把你当成我的好朋友，你却……""平时我对你那么好，你却……"而感到委屈和痛苦。因此，会对你产生反感，妨碍你的说服顺利进行。尤其是在小学生中，这种情况尤甚。在成年人的世界里，有时不会把对对方的反感这么直接地表示出来，但是因为他心存反感，往往会使你的说服以失败而告终。如果他心存反感，你即使求他做点儿小事，他也会说“我太忙”“我感觉不能胜任”等来拒绝你的请求。

1991 年 11 月 3 日夜，美国新一届总统大选揭晓。当选总统克林顿在竞选总部楼前，在聚会上对他的支持者们即兴演说，先是言辞恳切地感谢昨天还在互相唇枪舌剑、猛烈攻击的主要政敌——现任总统布什，感谢布什从一名战士到一位总统期间为美国做出的出色贡献，并呼吁布什和另一位对手佩罗及其支持者与他团结合作，在他未来的 4 年重造美国，全面振兴美国的大变革中继续忠诚地服务于祖国。

而远在异地的布什则打电话祝贺克林顿成功地完成了一场“强有力的竞选”，还调侃地告诫克林顿：“白宫是个累人的地方。”并保证他本人和白宫各级人士将全力以赴地与克林顿的班子合作，顺利完成交接工作。

竞选的成功与失败，对于他们来说欢乐与悲哀都是不言而喻的。但在事实面前，他们毕竟保持了高度的理智，表现了适度的宽容和超然的风度。

事实上，不能容忍的人是愚昧的，他们只晓得向来如此，现在也应该如此，所以他们拼命反抗和破坏一切新的环境、新的事物、新的思想和新的人物。对于新的事物、新的环境，我们要努力研究，以求达到能够了解的目的；若是好的、对的，我们便应该吸取、学习。这才是最正当、最科学的方法，也正是容忍的方法。

让对方觉得那是他的主意

你是否对自己的想法比别人给你提供的想法更有信心？如果是的，那你为何要将自己的意见强加于人呢？因为如果你的意见确实正确，事实终会证明这一点；如果你的意见不对，你非得强加于人，别人要么不大愿意接受；要么接受后对自己产生不利的后果，那你的意见不就成了一种罪过吗？所以我们何不采取一种更好的策略：只向他人提供自己的看法，而由他人最后得出结论！

没有人喜欢被迫购买或遵照命令行事。如果你想赢得他人的合作，就要征询他的愿望、需要及想法，让他觉得是出于自愿。

费城的亚道夫·塞兹先生，突然发现他必须给一群沮丧、散漫的汽车推销员灌输热忱。他召开了一次销售会议，要求这些推销员，把他们希望从他身上得到的个性都告诉他。在他们说出来的同时，他把他们的想法写在黑板上。然后，他说："我会把你们要求我的这些个性，全部给你们。现在，我要你们告诉我，我有什么权利从你们那儿得到东西？"回答来得既快又迅速：忠实、诚实、进取、乐观、团结，每天热情地工作8个小时。有一个人甚至自愿每天工作14个小时。会议之后，销售量上升得十分可观。

塞兹先生说："只要我遵守我的条约，他们也就决定遵守他们的。向他们探询他们的希望和愿望，就等于给他们的手臂打了他们最需要的一针。"

一次，卡耐基正计划前往加拿大的纽布伦克省去钓鱼划船，便写信给观光局索取资料。一时间，大量信件和印刷品向他寄来，他不知该如何选择。

后来，加拿大有个聪明的营地主人寄来一封信，内附许多姓名和电话号码，都是曾经去过他们营地的纽约人。并希望卡耐基打电话询问这些人，便可详细明了他们营地所提供的服务。

卡耐基在名单上发现了一个朋友的名字，便打电话给那位朋友，询问种种事宜。最后，又打了个电话通知营地主人他到达的日期。

卡耐基说："有许多人想尽办法向我推销他们的服务，但有一个却让我推销了我自己。那个营地主人赢了。"

没有人喜欢被强迫购买或遵照命令行事。我们更愿意出于自愿购买东西，或是按照我们自己的想法来做事。我们很高兴有人来探询我们的愿望、我们的需要及我们的想法。

第三章

掌控他人行为的心理策略

“乐道人之善”，悦纳他人的第一步

在日常的人际交往中，不知你是否遇到过这样的情况：一名新来的同事也没招你惹你，但你就是看他不顺眼，一旦他有什么过错，你就会毫不留情地指责他；而你的朋友最近因为儿子的事情烦恼不堪，找你请你爸爸帮忙让他儿子进某所重点中学，鉴于多年的友谊，你很快就答应了，并在很短的时间就帮他办成了。类似的事例很多，为什么你对同事和朋友有截然相反的态度呢？

社会是由各种各样的人组成的，这些人会有不同的思想性格、兴趣爱好与生活习惯。有的人热情开朗、有的人沉静稳重、有的人性子急躁、有的人心胸狭窄……面对这么多不同性格的人，我们应该怎样使他们乐于按照你的意愿行事呢？

要想改变他人的行为，首先应该悦纳他人。

悦纳他人，就要满怀热忱地和他们相处，容忍并且诚心地尊重别人与自己不同的性格、兴趣和生活方式，还要主动地了解他们的性格特征，熟悉他们的生活习惯，在这个基础上创造和谐融洽的人际环境。

有些人同事关系紧张，常常是因为不喜欢同事的个性而产生一些恩怨纠纷，在工作上不能很好地合作，甚至互相为难。反之，对于跟自己合得来的人，则不惜牺牲原则，给予种种方便。如果采取的是这种方法，当然会招致不良的后果。正确的态度应该是抛弃个人的成见，即使对某位同事有不好的看法，不喜欢与他（她）私下相处，也应该在工作上保持合作，绝不故意为难。最好还要在工作上多关心他（她），帮助他（她）解决困难，同心协力做好工作。

另外，对私下交情好的同事和朋友，也不能放弃原则，姑息迁就他们的缺点与错误。这既是对朋友负责，也是对自己负责。倘若我们能够这样做，日久天长，就必定可以得到别人的信任，并确立自己的威信，建立良好的人际关系，使他人乐于听从自己的意见。

其次，悦纳他人还应该做到“乐道人之善”。“金无足赤，人无完人。”对待同事、朋友，要多看他们的长处，多学他们的优点，不能看自己是“一朵花”，看别人就是“满身疤”。我们经常会见到这样一种人：他对自己所做的工作一点一滴都记在心头、挂在嘴上，挑别人的毛病也绝无遗漏，说起来如数家珍，而对自己的毛病、别人的长处，则一概缄口不语。这种人往往为人们所不齿，被称为“不团结因子”。

乐道人之善，一方面要注意不能因为自己比别人做的工作多一点或能力强一点，就沾沾自喜，瞧不起别人；另一方面还要善于发现别人的优点、长处，对他人的工作成绩多加褒扬。这样，不仅显示出了自己虚怀若谷的风度，有益于团结，而且对自己的成长与进步也会大有好处。当然，对别人的评价应该实事求是、恰如其分，如果不顾事实或夸大事实，效果就可能适得其反。

互惠，让他知道这样做对自己也有利

一位心理学教授做过这样一个小小的实验。

他在一群素不相识的人中随机抽样，给挑选出来的人寄去了圣诞卡片。虽然他也估计会有一些回音，但却没有想到大部分收到卡片的人，都给他回赠了一张。而实际上他们都不认识他啊！

给他回赠卡片的人，根本就没有到过要打听一下这个陌生的教授到底是谁，他们收到卡片，自动就回赠了一张。也许他们想，可能自己忘了这个教授是谁了，或者这个教授有什么原因才给自己寄卡片。不管怎样，自己不能欠人家的情，给人家回寄一张，总是没有错的。

这个实验虽小，却证明了互惠在心理学中的作用。它是人类社会永恒的法则，是各种交易和交往得以存在的基础。我们应该尽量以相同的方式回报他人为我们所做的一切。

如果一个人帮了我们一次忙，我们也应该帮他一次；如果一个人送了我们一件生日礼物，我们也应该记住他的生日，届时也给他买一件礼品；如果一对夫妇邀请我们参加了一个聚会，我们也一定要记得邀请他们到我们的一个聚会上来。

由于互惠的影响，我们感到自己有义务在将来回报我们收到的恩惠、礼物、邀请等。人与人之间的互动，就如坐跷跷板一样，不能永远固定某一端高、某一端低，就是要高低交替。一个永远不肯吃亏、不肯让步、不与别人互惠的人，即现在赢了，讨到了不少好处，从长远来看，他也一定是输家，因为没有人愿意再和他交往下去了。

中国古代讲究礼尚往来，这也是互惠的表现。它似乎成了人类行为不成文的规则。

一个人向朋友请教一件事，两人聚会吃饭，那么账单就理所当然应由请教人的这个人付，因为他是有求于人的一方。如果他不懂这个道理，反而让对方付，就很不得体。

在不是很熟悉的朋友之间，你求别人办事，如果没有及时地回报，下一次又求人家，就显得不太自然。因为人家会怀疑你是否有回报的意识，是否感激他对你的付出。及时地回报，可以表明自己是知恩图报的人，有利于相互之间继续交往。

而且如果不及时回报，就有可能会给你带来一些麻烦。你一直欠着这个情，如果对方突然有一件事反过来求你，而你又觉得不太好办的话，就很难拒绝了。俗话说："受人一饭，听人使唤。"可以说，为了保持一定的自由，你最好不要欠人情债。

当然，在关系很亲密的朋友之间，就不一定要马上回报，那样反而显得生疏。但也不等于不回报，只是时间可能拖得长一些，或有了机会再回报。

朋友间维护友谊遵循着互惠定律，爱情之间也是如此。爱情也是讲求互惠互利的，双方需要保持一个利益的平衡。如果平衡被严重打破，就可能导致关系破裂。

正如上面所述，人与人之间的互动就像坐跷跷板一样，要高低交替。一个永远不肯吃亏、不肯让步的人，即使当时真正得到了好处，也只是暂时的，他迟早要被别人讨厌和疏远。

从思路开始，让别人追随你的思想

很多时候，无论是演讲、宣传，还是竞选、谈判，我们总希望别人能跟着自己的思路走。可是，每个人都有独立的思维方式，想要改变他人的想法，让对方按照你的思路来思考问题，是何等的不容易！

不过，要解决这个难题，靠强制性命令来实现是不太可能的，而是需要一些有效的心理技巧来一步步地影响他们。下面有几种方法值得参考。

1. “6+1”法则

在沟通心理学上有一个重要的“6+1”法则，用来说明这样一种现象：一个人在被连续问到6个做肯定回答的问题之后，那么第7个问题他也会习惯性地做肯定回答；而如果前面6个问题都做否定回答，第7个问题也会习惯性地做否定回答，这是人脑的思维习惯。利用这个法则，你如果需要引导对方的思路，希望对方顺从你的想法，你可以预先设计好6个非常简单、容易让对方点头说“是”的问题，先问这6个问题作为铺垫，最后再问一个最重要和关键的问题，这样对方往往会自然地点头说“是”。

2. 问封闭式问题

封闭式问题是与开放式问题相对的一类问题，这类问题的答案往往是“是”或“不是”“有”或“没有”等，答案只是有限的几个选择。封闭式问题与开放式问题有不一样的作用，封闭式问题可以用来得到你预先设想的答案。例如，你问对方“你有没有结婚”？对方的回答可能是“有”或“没有”，这两个答案都是你事先可以预见的，你可以事先就想好如果他回答“有”，你如何继续提问；如果他回答“没有”，你又该怎么继续提问。预先设计好的一系列封闭式问题，可以非常有效地引导对方的思路。

3. 提示引导

提示引导是一种语言模式，用来影响对方的潜意识，使对方不知不觉地转移思路。这种语言模式的基本思路是先用语言描述对方的身心状态，然后用语言引导对方的思考或是生理状态。例如，你可以说“当你开始听我介绍这个房子的时候，你就会觉得住在这个房间里会很舒服”“当你考虑买这辆车的时候，你就会想到带着你的太太和孩子开这辆车兜风是多么开心的事情”等，这些都是提示引导的语言模式，其中“当……你就会……”是标准的句式，“当”后面是描述对方的身心状态，“你就会”后面是你引导对方进入的状态或思路。

4. 目的架构

目的架构式谈话就是在一开始就与对方明确这次谈话双方共同的目的，这会很快地将对方的思路引向真正有价值、有利于解决问题的地方。例如，两辆车发生了追尾事故，车子都有破损，两辆车的司机都很气愤，往往一下车就吵架。如果其中一位能使用目的架构，问对方：“这位先生，你觉得我们现在最重要的是解决问题呢，还是要吵架呢？”这个问题指出了两名司机重要的不是要吵架，而是要解决问题，然后继续各自的行程，那么双方的争吵可能会立即终止。因为目的架构将对方的思路完全从争吵的状态引到了解决问题上面来。

知道了这些技巧，我们就没必要再纸上谈兵了。你不妨在今后的实际生活中应用一下这些巧妙的方法，让对方顺从你的思路，从而达到你的目的。

从对方立场考虑问题，让他自然改变

美国著名人际关系大师戴尔·卡耐基描述了这样一段他自己的经历。

“我常常在家附近的一座公园内散步，作为消遣。因此，我渐渐对花木起了爱护之心，每当有火烧树林的消息传来，我的心里便会感到十分难过。

“树林起火大多数是孩子们在林间生火做饭造成的。有时火烧得相当大，非得借助消防队才可扑灭。虽然这座公园内立着一块警告牌，上面明确写着纵火者所将受到的处罚……但是因地处偏僻，警察又疏于管理，以至于公园内火灾频繁。

“记得有一次，我匆匆地跑去告诉警察，公园内有火星在扩散，请他立即通知消防队前来扑灭。可是他却摆出一副漠不关心的态度——他说那不是他负责的管区，不关他的事。

“自从那次后，我便常常骑着马，由自己来担负起维护公共财产的职责。最初，我一看到孩子们在树下生火野餐时，就会立即跑过去，用严厉的口吻恐吓他们：在树下生火将会被拘捕禁闭，要他们马上将火熄灭。

“其实，我不该这样做的，因为我这样做只是宣泄了内心里的情感，却丝毫没有考虑孩子们的感受。他们虽然照着我的话做了，但心里却很不是滋味。所以，我一离开，他们就会又把火点起来。

“几年后，我开始觉察到该向别人多学学怎样以他人的观点去批判、观看一件事物，于是我不再去命令别人。在公园里再遇到玩火的孩子，我就对他们说：‘嗨！小伙子们，你们玩得还高兴吗？你们要拿什么做野餐呢？我小的时候，也和你们一样，喜欢在野外生火做饭，现在回想起来还是挺有意思的。但是你们可别忘了，在公园内生火是很危险的，我知道你们不会惹麻烦，因为你们都是好孩子，而其他的孩子们，看到你们在生火，必然也会跟着玩起火来。回家的时候如果不把火熄灭，树叶、树枝将会被火星引燃，从而导致火灾发生。要知道，若我们不好好爱护花草树木，这公园内就会没有树木了。你们大概不知道，在公园内玩火是会坐牢的。我不打算干涉你们，只希望你们别把火靠近干树叶，并且在回家时，别忘了将火熄灭。假如你们下回还想玩时，我建议你们去那边沙滩上玩，在那里就不会有什么危险，谢谢你们的合作，祝你们玩得愉快。’

“这样说，效果真的很惊人，孩子们都很乐意跟我合作。他们不但没有埋怨及反感，不会感到被人强迫服从命令，而且还认为他们保全了面子与自尊。不但我觉得满意，他们也觉得高兴，那是因为我考虑到了他们的立场。”

用“我错了”，让他人心悦诚服地接受批评

法国著名作家拉罗什富科曾说过：“没有什么人比那些不能容忍别人错误的人更经常犯错误的。”确实，我们在生活中，总会发现周围的人犯这样或那样的错误。于是，如何做到批评但又不伤害他人，

就成了与人交往中很重要的一门学问。

也许你会说："批评还不容易，直接告诉他'你错了'或'你某些地方做得不对'，很简单吗。"然而，我们都知道，人是有自尊的动物，很少有人不会主动去维护自己的意见和看法。因此，没有谁在听见"你错了"三个字时内心仍能保持平静。大家往往会为来自他人的批评指责而闷闷不乐，冲动的人甚至可能当即暴跳如雷、反唇相讥。

那么，想批评别人的时候，我们采用什么方式好呢？被誉为"20世纪最伟大的心灵导师"戴尔·卡耐基曾指出，想对他人表达"你错了"的批评意图，不妨先承认"我错了"，这对疏通关系和解决问题更有好处。

比如，有一位著名的作家用主动认错的方式赢得了有意见的读者的尊重。

在长达20年社会纪实体裁小说写作之后，他尝试着变换风格，推出了一部侦破类新作，这让许多读者无法接受。

一名愤怒的读者甚至写信给他，言辞非常激烈，指责他根本不该转型。其中很多语句有失偏颇，看得出这位读者对小说艺术的理解并不深入。但这位作家并没有恼羞成怒，而是非常认真地写了一封回信。在信中，他只字不提这位读者的不礼貌和认识上的浅薄，只是很诚恳地承认自己并不适合悬疑推理题材的写作，他很感谢读者的意见，希望以后能够经常互相交流看法。

这个故事让我们深刻体会到"你错了"会为你树立新的敌人，

而“我错了”却可能帮你赢得新的朋友。可以想象，那名激动的读者看到回信后，一定会心生惭愧——为自己的粗鲁无礼，为作家的谦逊大度。在一个胸襟宽广、能够认识自己的错误、敢于向别人承认错误的人面前，任何问题都将迎刃而解，任何矛盾都将烟消云散。

吹毛求疵，让对方让步的“常规武器”

在商务谈判中，谈判者如能巧妙地运用吹毛求疵策略，会迫使对方降低要求，做出让步。买方先是挑剔个没完，提出一大堆意见和要求，这些意见和要求有的是真实的，有的只是出于策略需要的吹毛求疵。

吹毛求疵谈判方法在商贸交易中已被无数事实证明，不但行得通，而且卓有成效。有人曾做过试验，证明双方在谈判开始时，倘若要求越高，则所能得到的也就越多。因此，许多买主总是一而再、再而三地运用这种战术，把它当作一种“常规武器”。

有一次，某百货商场的采购员到一家服装厂采购一批冬季服装。采购员看中一件皮夹克，问服装厂经理：“多少钱一件？”“500元一件。”“400元行不行？”“不行，我们这是最低售价了，再也不能少了。”“咱们商量商量，总不能你要什么价就什么价，一点儿也不能降吧？”

服装厂经理感到，冬季马上到来，正是皮夹克的销售旺季，不能轻易让步。所以，很干脆地说：“不能让价，没什么好商量的。”采购员见话已说到这个地步，没什么希望了，扭头就走了。

过了两天，另一家百货商场的采购员又来了。他问服装厂经理："多少钱一件？"回答依然是500元。采购员又说："我们会多要你的，采购一批，最低可以多少钱一件？""我们只批发，不零卖。今年全市批发价都是500元一件。"这时，采购员不急于还价，而是不慌不忙地检查产品。过了一会儿，采购员讲："你们的厂子是个老厂，信得过，所以我到你们厂来采购。不过，你的这批皮夹克式样有些过时了，去年这个式样还可以，今年已经不行了。而且颜色也单调。你们只有黑色的，而今年皮夹克的流行色是棕色和天蓝色。"他边说边看其他的产品，突然看到有一件衣服，口袋有裂缝，马上对经理说："你看，你们的做工也不如其他厂精细。"他仍边说边检查，又发现有件衣服后背的皮子不好，便说："你看，你们这衣服的皮子质量也不好。现在顾客对皮子的质量要求特别讲究。这样的皮子质量怎么能卖这么高的价钱呢？"

这时，经理沉不住气了，并且自己也对产品的质量产生了怀疑，于是用商量的口气说："你要真想买，而且要得多的话，价钱可以商量。你给个价吧！""这样吧，我们也不能让你们吃亏，我们买50件，400元一件，怎么样？""价钱太低，而且你们买得也不多。"

"那好吧，我们再多买点儿，买100件，每件再多30元，行了吧？""好，我看你也是个痛快人，就依你的意见办！"于是，双方在微笑中达成了协议。

同样是采购，为什么一个空手而回，一个却满载而归？原因很简单，后者采用了吹毛求疵策略，他让卖主变得理亏，同时又让卖主觉得他很精明，是内行，绝不是那种轻易被蒙骗的采购，从而只好选择妥协。

总的来说，吹毛求疵的目的无非是迫使卖主降低价格，使自己拥有尽可能大的讨价还价余地，同时也给对方一个印象，证明自己不会轻易被人欺骗，以削弱甚至打消对方想坚持某些立场的念头，或使卖主在降低价格时，能够对其上级有所交代。如果你能巧妙地运用此策略，无疑会为你增益不少，但注意一定要把话说到位。

发挥“独立性”魅力，让别人永远依赖你

我们先来看一个著名的故事。

美国石油大亨老洛克菲勒是这样教育孩子的：有一天，他把孩子抱上一张桌子，鼓励他跳下来，孩子以为有爸爸的保护，就放心地往下跳。谁知往下跳的时候，爸爸却走开了，小洛克菲勒摔得很重，坐在地上大哭起来。这时，老洛克菲勒语重心长地对儿子说：“孩子，不要哭了，以后要记住，凡事要靠自己，不要指望别人，有时连爸爸也是靠不住的！从现在就开始学会独立地生活吧！”

洛克菲勒家族中的孩子，从小就不准乱花钱，每一个孩子可支配的少量零花钱也要记账。在学校读书时，一律在学校住宿，大学毕业后，都是自己去找工作。直到他们在社会中锻炼到能经得起风浪以后，上一辈人才把家产逐步交给他们。

正是因为洛克菲勒家族注重培养孩子的独立生活能力，才使孩子养成独立、自强的习惯。所以，洛克菲勒家族历经几个世纪而依然繁盛如初。

依赖别人会产生不少危害。诸如，想办一件事不敢独立去做，总是想跟他人一块去做；遇事没有主见，总是等待别人做出决定；不相信自己，不敢讲出自己的见解，怕得不到人们的认可；对领导唯命是从，让干啥就干啥，只求生活平稳、少烦恼等。

可反过来想，如果减少对别人的依赖，而让别人依赖你，这是一种制胜的智慧。当人们习惯于依赖你的时候，他们依靠你去获得他们想要的幸福和财富，便会对你毕恭毕敬，彬彬有礼。他们对你的依赖性越大，你的自由空间也就会越大。

第四章

让对方心甘情愿帮忙的心理策略

外表是打动对方最直观的方式

我们在看到别人的第一眼时，都希望别人能够打动自己；同样地，我们更希望自己也能打动别人，这点对求人办事是很重要的，如果我们能够打动别人，那么对方很自然地就会帮助我们。反之，如果让别人看我们第一眼就不想看第二眼，那事情就很难再有指望了。

俗话说："相由心生。"这句话的意思是说我们的容貌是在父母给的基础上自己塑造的，难怪林肯说："一个男子 40 岁以后就必须为自己的脸负责了。"

人人都希望看到，也希望拥有动人的容貌，从古至今都是如此。人们往往都是很注重外表形象的，殊不知，很多人都会下意识地把一些正面的品质加到外表漂亮的人身上，像聪明、善良、诚实、机智等。更有甚者，当我们做出这些判断时，我们一点儿也没有觉察到外表在这个过程中所起到的作用。这种趋势可能导致的后果是非常令人不安的。

例如，有人曾对 1974 年加拿大联邦政府选举的结果进行研究，后来他们发现，外表有吸引力的候选人得到的选票是外表没有吸引力的候选人的两倍还多。尽管有明显的证据表明英俊的政治家有很多优势，随后的一个研究却表明投票人并没有意识到自己的偏见。事实上，有73%的加拿大选民都强烈否认他们的投票决定受到了外表的影响，只有14%的人承认也许有这个可能性。但不管投票人怎么否认外表的吸引力对选举结果的影响，还是有源源不断的证据表明，这种令人担忧的倾向的确是一直存在的。

在求人办事时，形象同样具有重大的作用。有一个例子就很能说明问题。1999年，在中国网络腾飞时代，一位华裔英国投资商到北京的中关村，和一位电脑才子会谈投资。事后，他说："我怎么也不能相信头发如干草，说话结巴的人会向我要500万美元的投资，他的形象和个人素养都不能让我信服他是一个懂得如何处理商务的领导人。"当然，谈判结果就可想而知了。

所以在办事前先把自己的仪表、形象修饰好。

满足对方心理是求其办事最好的铺垫

中国有句俗话，叫作"篱笆立靠桩，人要立靠帮"。一个人要想一生有所成就，就必须有求人办事的能力。这个话题，说起来很简单，可真正实施起来，又有多少人能轻松得手呢？我们常能听到这样的唠叨，"低三下四求人也未必求得动""软磨硬泡就算求动了人家也是不情愿，根本不会给你好好办"……

难道我们就不能让人家心甘情愿地帮忙吗？当然不是了。有求于人，你必须明确要对方帮你，唯一有效的、事半功倍的方法就是使他自己心甘情愿。那么，我们怎样才能让他人心甘情愿地"为我所用"呢？这就需要心理技巧了。

人的需要是各不相同的，每个人都有各自的癖好与偏爱。你首先应当用自己的计划去满足别人的心理，然后你的计划才有实现的可能。

例如，说服别人最基本的要点之一，就是巧妙地诱导对方的心理或感情，以使他人就范。如果你特别强调自己的优点，企图使自己占上风，对方反而会加强防范心。所以，应该注意先点破自己的缺点或错误，使对方产生优越感。

关于这一点，曾有一个非常有趣的故事。

有一位年轻人是美国有名的矿冶工程师，毕业于美国的耶鲁大学，又在德国的佛莱堡大学拿到了硕士学位。可是当年轻人带齐了所有的文凭去找美国西部的一位大矿主求职的时候，却遇到了麻烦。原来那位大矿主是个脾气古怪又很固执的人，他自己没有文凭，所以就不相信有文凭的人，更不喜欢那些文质彬彬又专爱讲理论的工程师。当年轻人前去应聘递上文凭时，满以为老板会乐不可支，没想到大矿主很不礼貌地对年轻人说："我之所以不想用你就是因为你曾经是德国佛莱堡大学的硕士，你的脑子里装满了一大堆没有用的理论，我可不需要什么文绉绉的工程师。"

聪明的年轻人听了不但没有生气，反而心平气和地回答说："假如你答应不告诉我父亲的话，我要告诉你一个秘密。"大矿主表示同意，于是年轻人对大矿主小声说："其实我在德国的佛莱堡并没有学到什么，那三年就好像是稀里糊涂地混过来一样。"想不到大矿主听了却笑嘻嘻地说："好，那明天你就来上班吧。"就这样，年轻人在一个非常顽固的人面前通过了面试。

或许你觉得那个大矿主心理有问题，观念比较偏激、夸张，甚至有些滑稽，可年轻的工程师若不让矿主的“问题心理”得到满足，又怎么能让他聘请自己呢？

美国著名政治家帕金斯30岁那年就任芝加哥大学校长，有人怀疑他那么年轻是否能胜任大学校长的职位，他知道后只说了一句：“一个30岁的人所知道的是那么少，需要依赖他的助手兼代理校长的地方是那么的多。”就这短短一句话，使那些原来怀疑他的人一下子就放心了。人们遇到了这样的情况，往往喜欢尽量表现出自己比别人强，或者努力地证明自己是有特殊才干的人，然而一个真正有能力的领袖是不会自吹自擂的，所谓“自谦则人必服，自夸则人必疑”就是这个道理。

在办事过程中，你要努力做到这点——先在心理上满足对方，这样事情就会变得简单、顺利多了。

让自己看起来像个老板，他会觉得为你办事踏实

在人们的心目中，大老板总是比平民百姓更容易让人信任。不管大老板出现在哪里，人们总是对他们特别信任。所以，你为了使自己办起事来更为顺利，不妨做个修饰，使自己像个大老板。你可以参考下面的做法：

为了使你显得出类拔萃，你可以常用肯定的表情，常微笑而不常皱眉，常开怀大笑而不常阴险冷笑。说话时不要吞吞吐吐，因为这会让人觉得你不够坦率，欠缺潇洒。要常提对方的姓名，给人亲切感。让别人多谈他们自己，这是人们最喜欢的话题，对方也会因

此而喜欢你。要学会尊重别人，要同情别人的困境，使别人不要难堪。要学会不嫉妒别人，显示你有宽阔的胸怀。会调侃自己是对自己有信心的表现。平常要多运动，使你精神饱满，头脑灵活。你还要相信自己一定会成功，这样不会甘心一辈子只当个小角色。

你要知道，实话也会伤人，所以说实话也要讲究技巧。要信守诺言，尽量不言而无信。前提是许诺要慎重，不轻易放弃原则。要有自己的见解，若人云亦云，别人不会认为你很真诚。要平等待人，无论是谁都要给予尊重，如果你对上司摇头摆尾，对下属却摆出一副冷面孔，人家会怎么看你？不要装模作样，这很容易被人看穿。要以本色示人，不要怕承认缺点，敢于面对自己的弱点，最易赢得别人的信赖。

要克服紧张。首先要弄清自己在什么场合容易紧张，如走进正在开会的房间，在上司面前等。你可以故意多到这种场合去，习以为常则见怪不怪了。或者练一套放松体操，坚持每天上床前练习，必有收效。也可以在手腕上套一根橡皮圈，感到自己又要紧张了，悄悄拉几下。

如果要克服紧张时的习惯动作，先要知道自己的习惯动作是什么。习惯动作都是无意识的，不知不觉中做出来的，所以必须留意才能察觉。要弄清在什么情况下容易出现这种动作，然后再有意识地克服这种习惯性动作。克服自己的习惯性动作要有毅力，别指望长期养成的习惯一朝一夕就可以改掉。

为了使自己看起来更向老板迈进一步，你还必须注意服装配饰等细节问题。如果一套笔挺的西装，里边却有一个肮脏的衣领，对方一定不会感到舒服。袜子也是一样，你坐着与人谈话时，脚会不自觉地伸出去或翘上来，袜子也就会暴露在人前，如果不干净、不整洁就会让人反感。

头发、牙齿、胡子也是应该经常修饰的部分。头发一定不要过长，否则就容易乱，容易脏。要按时理发，使自己的头发保持一个精神的式样。胡子要经常刮，牙齿要经常刷，口中不要有异味，尤其在出去谈判时一定不要吃有异味的食物。这么认真苛刻地对待自己的外表，也是你对对方的一种尊重。

如果你与对方谈判或请对方为你办某件事情的时候，衣衫不整、头发蓬乱，对方会感到不舒服，瞧不起你。对于自己的细节要时时注意，因为这些细节蕴含着丰富的内容。比如，像公文包、钢笔、笔记本、名片夹、手表、打火机等最好都要讲究些。

适当转移话题，调动对方的谈兴

适当转移话题，调动对方的谈兴，也是求人办事过程中常用的一种方法。

比如，有些事通过直言争取对方的应允已告失败，或在自己未争取之前就已经明确了对方不肯允诺的态度，在这种情况下，就应该采取委曲隐晦、转移话题的办法了。“委曲”就是不直接出面或不直取目的，绕开对方不应允的事情，通过另外一个临时拟定的虚假目的做幌子，让对方接受下来，当对方进入自己设定的圈套之后，自己的真实目的也就达到了。所谓“隐晦”就是掩盖自己的真实目的，以虚掩实，让对方无从察觉。表面上好像自己没有什么企图，或者让对方感到某种企图并非始于自己，而是另外一个人。这样，对方可能就不再有戒备和顾虑，要办的事情处在这种无戒备和无顾虑的状态中显然要好办得多了。

委曲隐晦的最大特点就是含而不露或露而不显，在具体运用时有些小窍门需要认真领悟。在运用这种技巧时，说话者首先要了解听者的心理和情感，这是说者必须掌握的说话技巧的基础。我们也只有在了解听者的心理和情感的基础上，才能正确地选择某个场合该讲什么，不该讲什么，哪些话题能够打动听众，能使听众产生共鸣。

人的情感是一种内心世界的东西，一般是捉摸不定、较难把握的。但是，在有些场合，人内心的东西又常通过各种方式而外露。

如果我们善于观察听者的一举一动，并能据此加以分析和推测，那么，我们是基本上可以掌握听者的心理和情感的。

某中学老师悉心钻研中国古典文学，出版了一本近20万字的有关诗歌的书籍。该校的文学社小记者知道情况后就到这位老师家采访。他让老师介绍写书经验，只见那位老师面带难色，认为只是一个专题学习，谈不上什么经验。

小记者抬头望着墙上的隶书说："老师，这墙上的隶书是您写的吧?"

老师："是的!"

小记者："那么请您谈谈隶书的特点，好吗?"

这正是老师感兴趣和愿意谈的话题，师生之间的感情逐渐变得融洽起来。

这时，小记者不失时机地说："老师，您对隶书很有研究，我们以后还要请您多加指导。不过，我们现在十分想听听您是怎样写成

《中国诗歌发展史》这一书的。”此刻，老师深感盛情难却，也就只好加以介绍了。

由此可见，当某个话题引不起对方的兴趣时，要有针对、有选择地挑选新的话题，以激起对方的谈兴。如同运动员谈心理与竞技水平的关系，同外交人员谈公共关系学，两人肯定会一拍即合，谈兴大发。

值得注意的是，换题以后，劝说者还要注意在适当时机及时将话头引入正题。因为，换题只是为了给谈正题打下感情基础，而非交谈的真正目的。所以，当所换之题谈兴正浓，双方感情沟通到一定程度时，劝说者就要适可而止，将话锋转入正题。

20世纪80年代，广东省某玻璃厂就玻璃生产的有关事项同国外某玻璃公司进行谈判。在谈判过程中，双方在全套设备同时引进还是部分引进的问题上发生了分歧，各执一端、互不相让，使谈判陷入僵局。在这种情况下，我方玻璃厂的首席代表为了使谈判达到预定的目标，决定主动打破这个僵局。可是怎么才能使谈判出现转机呢？谈判代表思索了一会儿，带着微笑，换上一种轻松的语气，避开争执的问题，向对方说：“你们公司的技术、设备和工程师都是一流的。用一流的技术、设备与我们合作，我们能够成为全国第一。这不单对我们有利，而且对你们也有利。”

对方公司的首席代表是位高级工程师，一听到称赞自己公司的技术、设备和工程技术人员十分高兴，谈判的气氛一下子就轻松活跃起来了。我方代表看到对方表示出兴趣，则趁势将话题又一转，说道："但是，我们厂的外汇的确有限，不能将贵公司的设备全部引进。现在，我们知道，法国、比利时和日本都在跟我们北方的厂家搞合作，如果你们不尽快跟我们达成协议，不投入最先进的技术和设备，那么你们就可能失去中国的市场，别人也会笑你们公司无能。"

由于我方代表成功地奏出投其所好、开诚布公、国际竞争扭转局面的三部曲，使双方的僵持局面完全被打破。在和谐的气氛中，双方在一个新的起点上进一步讨论，最后终于达成了对我方有利的协议。

因此，当你与别人办事进入某种僵局时，你最好采取适当转移话题的办法，从另一个角度同对方谈话，以此调动对方的谈兴。在不知不觉中，你再把话题拉回来，顺利办成你想办之事。

"理直气壮"的理由对方更容易接受

求人办事也要名正言顺，要有个理由、有个说法、给个交代、或找个借口、做个解释。在求人的理由上做文章，实际上就是为自己求人办事寻找一个好借口。

有一个很有趣的故事：说是有一个人因偷窃被当场捉到。不料，小偷一点儿也没有畏缩，反而理直气壮地说："如果我拿了东西又逃走，那才算是偷，但我现在只是拿到东西而已，大不了把东西还给你罢了。"说完就大摇大摆地走了。

对错且不论，小偷确实是寻找借口的高手。在我们看来，这个小偷本应该是理屈词穷，没有什么可以诡辩的了。但他却还能理直气壮，并说出一定的逻辑，这确实不简单。当然，这里并不是鼓励大家采取拒绝承认错误的态度或学习颠倒黑白的行为。这里强调的是，有些人面对初次见面的人，就以理亏的口吻说话，这种无谓的谦卑，反而会使自己站不住脚，并无益处。

尽管找人办事总是要找一定理由的，但具体应该怎样找理由就应该多下一番功夫了。以广告人为例，他们可以说个个都是找借口的高手，当速溶咖啡在美国首度推出时，曾有这样一段故事：公司方面本来预测这种咖啡的“简单”“方便”会大受家庭主妇的欢迎。没想到事与愿违，其销售并无惊人之处。姑且不论味道问题，大概是因为“偷工减料”的印象太强的关系。因为在当时的美国，咖啡一直都是必须在家里从磨豆子开始做起的饮料，只要注入热水就能冲出一大杯咖啡来，怎么看都太过便宜了。

所以，厂商便从“简单”“方便”的正面直接宣传，改为强调“可以有效利用节省下来的时间”的广告战略——“请把节省下来的时间，用在丈夫、孩子的身上。”这种改变形象的做法，去除了身为使用者的主妇们所谓“对省事的东西趋之若鹜”的内疚。此后，销售量年年急速上升，自是不在话下。

如果你想在交际中如鱼得水，就一定要擅长这方面，即在办某件事时总要找个理由作为依托，这样才算圆满。而且在这种理由的掩盖下，即使他知道自己的责任，也会一味推卸。利用人们的这种心理，先替对方准备好借口，对方就不会再推辞。

激起对方同情心，打动他易成事

大多数人都具有同情心，即使铁石心肠的人也不例外。同情能够加强别人对你的理解，因此求人办事不妨利用一下别人的同情心。在很多时候，用感情打动别人，激起别人的同情心，比一味滔滔不绝地讲大道理会更有效果。

一位遭人欺凌的受害者在向某领导告状时十分冲动，口出狂言、污语，使得这位领导很是反感。因而，问题迟迟不予解决。后来，此人绝望了，痛苦不堪，几欲轻生，反倒引起了这位领导的同情与重视。

当然，这并不是说，凡是告状者都要摆出一副可怜兮兮的样子。而是说，告状者在请求解决问题时，应该调动听者的同情心，使听者先从感情上与你靠近，产生共鸣，这就为你问题的解决打下了基础。人心都是肉长的，只要你将受害的情况和你内心的痛苦如实地说出来，处理者都是会动心的。

同情心可以促进当权者对受害人的理解，但这并不等于说马上就会下定处理的决心。因为，处理者要考虑多方面的情况，有时会处于犹豫之中，甚至会抱着多一事不如少一事的态度，不想过问。这时候，当事人就得努力激发处理者的责任感，要使处理者知道，这是在他职责范围以内的事，他有责任处理此事，不能推卸，而且能够处理好此事。

一天，一位老妇人向正在律师事务所办公的林肯律师哭诉她的不幸遭遇。原来，她是位孤寡老人，丈夫在独立战争中为国捐躯，她只能靠抚恤金维持生活。可前不久，抚恤金出纳员勒索她，要她交一笔手续费才可领取抚恤金，而这笔手续费却等于是抚恤金的一半。林肯听后十分气愤，决定免费为老妇人打官司。

法院开庭后，由于出纳员原来是口头勒索的，没有留下任何凭据，因而指责原告无中生有，形势对林肯极为不利。但他仍旧十分沉着和坚定，他眼含着泪花，回顾了英帝国主义对殖民地人民的压迫，爱国志士如何奋起反抗，如何忍饥挨饿地在冰雪中战斗，为了美国的独立而抛头颅洒热血的历史。

最后，他说："现在，一切都成为过去。1776年的英雄，早已长眠地下，可是他那衰老而又可怜的夫人，就在我们面前，要求申诉。这位老妇人从前也是位美丽的少女，曾与丈夫有过幸福的生活。不过，现在她已失去了一切，变得贫困无靠。然而，某些人还要勒索她那一点儿微不足道的抚恤金，有良心吗？她无依无靠，不得不向我们请求保护时，试问，我们能熟视无睹吗？"

法庭里充满了哭泣声，法官的眼圈也发红了，被告的良心也被唤醒，再也不矢口否认了。法庭最后通过了保护烈士遗孀不受勒索的判决。

没有证据的官司很难打赢，然而林肯成功了。这应归功于他的情绪感染，激起了听众以及被告的同情心，达到了理智与情绪的有机统一，收到了征服人心的效果。

第五章

让他人欣然接受“拒绝”的心理策略

拖延、淡化，不伤其自尊地将其拒绝

一般人都不太好意思拒绝别人，但在很多情况下，我们为了避免多余的困扰，对一些不合理或不合自己心意的事有必要拒绝。但怎样既不伤害对方自尊心又能达到拒绝的目的呢？

当对方提出请求后，不必当场拒绝，你可以说：“让我再考虑一下，明天答复你。”这样，既使你赢得了考虑如何答复的时间，也会使对方认为你是认真对待这个请求的。

某单位一名职工找到上级要求调换工种。领导心里明白调不了，但他没有马上回答说“不可能”，而是说：“这个问题涉及好几个人，我个人决定不了。我把你的要求带上去，让厂部讨论一下，过几天答复你，好吗？”

这样回答可让对方明白调工种不是件简单的事，这其中存在着两种可能，也使对方在思想上有所准备，比当场回绝效果要好得多。

陈涛夫妻俩下岗后，自谋职业，利用政府的优惠贷款开了一家日用品商店，两人起早贪黑把这个商店办得红红火火，收入颇丰，生活自然有了起色。陈涛的舅舅是个游手好闲的赌棍，经常把钱扔在麻将桌上。这段时间，手气不好又输了，他不服气，还想捞回本钱，又苦于没钱，就把眼睛瞄准了外甥的店铺。一日，这位舅舅来到了店里对陈涛说：“我最近想买辆摩托车，手头尚缺五千块钱，想在你这借点儿周转，过段时间就还。”——他也知道用模糊语言。

陈涛了解舅舅的嗜好，借给他钱，无疑是肉包子打狗。何况店里用钱也紧，就敷衍着说：“好！再过一段时间，等我有钱把银行到期的贷款支付了，就给你，银行的钱可是拖不起的。”

舅舅听外甥这么说，没有办法，知趣地走了。陈涛不说不借，也不说马上就借，而是说过一段时间，等支付银行贷款后再借。这话含多层意思：一是目前没有，现在不能借；二是我也不富有；三是过一段时间不是确指，到时借不借再说。舅舅听后已经很明白了，但他并不心生怨恨，因为陈涛并没有说不借给他，只是过一段时间再说而已，给了他希望。因此，处理事情时，巧妙地一带而过比正面拒绝更有效，且不伤和气。

先承后转，让对方在宽慰中接受拒绝

日常生活中，我们经常会遇到这样的情况，对方提出的要求并不是不合理，但因条件的限制无法予以满足。在这种情况下，拒绝的言辞可采用“先承后转”的形式，使其精神上得到一些宽慰，以减少因遭拒绝而产生的不愉快。

李刚和王静是大学同学，李刚这几年做生意虽说挣了些钱，但也有不少的外债。两人毕业后一直没有来往，一天，王静突然向李刚提出借钱的请求，李刚很犯难，借吧，怕担风险，不借吧，同学一场，又不好张口。思忖再三，最后李刚说："你在困难时找到我，是信任我、瞧得起我，但不巧的是我刚刚买了房子，手头一时没有积蓄，你先等几天，等我过几天账结回来，一定借给你。"

有的时候对方可能会因急于事成而相求，但是你确实又没有时间，没有办法帮助他的时候，一定要考虑到对方的实际情况和他当时的心情，一定要避免使对方恼羞成怒，以免造成误会。

拒绝还可以从感情上先表示同情，然后再表明无能为力。先扬后抑这种方法也可以说成是一种"先承后转"的方法，这也是一种力求避免正面表述，而采用间接拒绝他人的方法。先用肯定的口气去赞赏别人的一些想法和要求，然后再来表达你需要拒绝的原因，这样你就不会直接地去伤害对方的感情和积极性了，而且还能够使对方更容易接受你，同时也为自己留下一条退路。

先说让对方高兴的话题，再过渡到拒绝

对于他人的话，人们总是会表现出情感反应。如果先说让人高兴的话，即使马上接着说些使人生气的话，对方也能以欣然的表情继续听下去。利用这种方法，可以拒绝不受喜欢的对象。

有一个乐师，被熟人邀请到某夜总会乐队工作。乐师嫌薪水低，

打算立即拒绝。但想起以往受过对方照顾，他不便断然拒绝，便心生一计，先说些笑话，然后一本正经地说：“如果能使夜总会生意兴隆，即使奉献生命，在下也在所不辞。”

此时，夜总会老板自然还是一副笑脸，乐师抓住机会立刻板起面孔说：“你觉得什么地方好笑？我知道你笑话我，你看扁我，不尊重我，这次协议不用再提，再见！”这样，乐师假装生气，转身便走。老板却不知该如何待他，虽生悔意，但为时已晚。

因此，面对不喜欢的对象，要出其不意地敲打他一下，以便拒绝对方。若缺乏机会，不妨参照上例，制造机会，先使对方兴高采烈，然后趁对方缺乏心理准备，脸上仍在笑嘻嘻时，找到借口及时退出，达到拒绝的目的。

一位名叫金六郎的青年去拜访本田宗一郎，想将一块地产卖给他。本田宗一郎很认真地听着金六郎的讲话，只是暂时没有发言。本田宗一郎听完金六郎的陈述后，并没有做出“买”或者“不买”的直接回答，而是在桌子上拿起一些类似纤维的东西给金六郎看，并说：“你知道这是什么东西吗？”“不知道。”金六郎回答。“这是一种新发现的材料，我想用它来做本田宗一郎汽车的外壳。”本田宗一郎详详细细地向金六郎讲述了一遍。

本田宗一郎共讲了15分钟之多。谈论了这种新型汽车制造材料的来历和好处，又诚诚恳恳地讲了他明年拟采取何种新的计划。这些内容使金六郎摸不着头脑，但却感到十分愉快。在本田宗一郎送走金六郎时，才顺便说了一句，他不想买他的那块地。

如果本田宗一郎一开始就将自己的想法告诉金六郎，金六郎一定会问个究竟，并想方设法劝说本田宗一郎，让他买下这块地。本田宗一郎不直接言明的理由正是如此，他不想与金六郎为此争辩什么，不想陷入不必要的麻烦。

拒绝对方的提议时，必须采用毫不触及话题具体内容的抽象说法，以免显得过于强硬。

日本成功学大师多湖辉说的这个故事发生在20世纪60年代末的学生运动中。某大学的教室里正在上课时，一群学生运动积极分子闯了进来，使上课的教授手足无措。当着班上学生的面，教授想显示一点儿宽容和善解人意的风度，就决定先听一下学生讲些什么之后再去说服他们。

结果与他的善良想法完全相反，学生们乘势向他提出许许多多的问题，把课堂搅得一团糟，再也上不成课了。并且这之后只要他上课就有激进派的学生出现在课堂上，就这样毫无宁日地持续了一年。

从这一教训中，教授悟到一条法则，如果无意接受对方，最好别想去说服他，对方一开口就应该阻止他："你们这是妨碍教学，赶快从教室里出去，与课堂无关的事，让我们课后再说！"

假如再发生一次同样的事，教授能否应付？就算他表现出了拒绝的态度，学生也会毫不理会地攻击他吧！如果一点儿也不去听学生的质问，一开始就踩住话头，至少不会给对方可乘之机，也不致弄得一年时间都上不好课！

由此可见，拒绝之前先说点儿与拒绝无关的话，这种欲抑先扬的方式，可以给人心里一个缓冲和铺垫，不至于让拒绝进行得很直接、僵硬。

巧踢“回旋球”，利用对方的话来拒绝他

拒绝不一定非要表明自己的意思，许多时候，利用对方的话来拒绝他，是更聪明的选择。只要合理地从对方的话语里引出一个合乎逻辑的相同问题，巧踢“回旋球”，就能让对方“哑巴吃黄连——有苦说不出”。

小李从旅游局一个朋友那里借了一架照相机，他一边走一边摆弄着，这时刚好小赵迎面走来了。他也知道小赵有个毛病：见了熟人有好玩的东西，非得借去玩几天不可。这次看见了他手中的照相机又非借不可了。尽管小李百般说明情况，小赵依然不肯放过。

小李灵机一动，故作姿态地说：“好吧，我可以借给你，不过我要你不要借给别人，你做得到吗？”

小赵一听，正合自己的意思。他连忙说：“当然，当然。我一定做到的。”“绝不失信。”小李还追加一句说。“绝不失信，失信还能叫作人？”

小李斩钉截铁地说：“我也不能失信，因为我也答应过别人，这个照相机绝不外借。”听到这，小赵也目瞪口呆了，这件事也只有这样算了。

有一大部分人会产生这样的想法，难道我们在现实生活中都

非要拒绝别人不可吗？我们在拒绝他人时都要采用这些委婉的方法吗？其实这个问题问得恰到好处。在现实生活中，关于拒绝他人，我们还要注意以下问题：

第一，在日常生活中，我们就应该真诚地对待朋友和同学，积极地帮助他们。每个人都应该明白一个简单的道理“平时帮人，拒人才不难”，这种方法主要应用于那些的确违背我们意愿的事情。

第二，如果是由于自己能力或客观原因，我们应该坦诚相对，说明自己的实际情况。同时，要积极帮对方想办法。

第三，对于某些情况，直接说“不”的效果更好，特别是对于那些违法乱纪的事情，应持坚决的态度来拒绝。对于那些可能引起误解的事情，也应该明确自己的态度，否则会“当断不断，反受其乱”。此外，由于拒绝不明可能会影响对方，也影响事情的发展方向，所以也应该直截了当地拒绝它。

第四，即使我们掌握了一些比较好的方法，在一般的拒绝中，我们也应该语气委婉，最好还能面带微笑。这样既达到自己拒绝他人的目的，又消除了由于拒绝给对方带来的不快。

贬低自己，降低对方期望值顺势将其拒绝

用自我贬低的方法或者在玩笑的氛围中拒绝他人，不仅维护了别人的面子，也使自己全身而退。

比如，朋友想邀你一起去玩电游，你就可以说：“我们都是好朋友了，说出来不怕你们笑话，我学了几年一直玩得不像样，你们看了都会觉得扫兴，为了不影响你们的兴致，我还是不去为好。”又比

如说，在同学聚会的时候，你确实不会喝酒，你可以说：“我是爸妈的乖儿子，在家里面又没有什么地位，要是喝了酒，那回去后肯定会被我爸揍死的，甚至还会被我妈骂死，你们就饶了我吧。”同时，你还可以说一些其他的事例进行说明，或者找一些比较好的借口来增强这种自我贬低的效果。

在贬低自己的策略中，“装疯卖傻法”是一种特殊形式，即“表示自己无能为力，不愿做不想做的事”，也就是说：“我办不到！所以不想做！”

根据心理学调查发现，人们的确有在日常生活中故意装傻的现象。例如，在上班族中，有20%的人曾对上司装过傻，而14%的人对同事装过傻。虽然这会导致评价降低，但令人惊讶的是，仍有一成以上的人是在自己有意识的情况下用了这个办法。

上班族会用到“装疯卖傻法”的场合有以下三种：

第一，不愿做不想做的事。例如，像是打杂般的工作、很花时间的工作、单调的工作等。还有像公司运动会之类，公司内部活动的筹办委员也是其中之一。像这种情形便有不少人会用“我不会呀”或“我对这方面不擅长”等理由，把不想做的事巧妙地推掉。

第二，拒绝他人的请求。当别人找上你，希望你能帮他的忙时，你很难直接说“不”吧！因此便以“我很想帮你，可是我自己也没有那个能力”的态度来婉转拒绝。拒绝别人这种事，很难直接以“我不愿意”这种态度来拒绝，而且还可能会让对方怀恨在心。因此，若是用能力，也就是自己无法控制的原因来拒绝（想帮你，可是帮不了）的话，拒绝起来便容易多了。

第三，降低自己的期望值。一个人若能得到他人的高度期待，固然值得高兴，但压力也会随之而来。因为万一失败，受到高度期待的人，所带给其他人的冲击性会更大。因此，借由表现出自己的无能，来降低期望值，万一将来失败，自己的评价也不会下降得太多；相反地，如果成功，反而会得到预期之外的肯定。“装疯卖傻法”有以下两种实行技巧：

（1）表明自己无能为力。就像前面所说，这招便是表明“我没有能力做那件事，因此我不愿意做”的一种方法。根据工作的内容，“无能”的内容也有所不同。如别人要求你处理电脑文书资料时：“电脑我用不好，光一页我就要打一个小时，而且说不定还会把重要的资料弄不见！”别人要求你做账簿时：“我最怕计算了，看到数字我就头痛！”这种技巧用于与自己平日业务无关的业务上。

不过，所表明的“无能”的理由不具真实性，那可就行不通。例如，刚才电脑处理的例子，如果是在电脑公司，说这种话谁信？后面那个例子，如果发生在银行，也绝对会显得很突兀。平常愈少接触到的工作，说这种话时，所获得的可信度也就愈大。所以要说“我没做过”“我做得不好”这些话的时候，一定要具有可信度才行。

（2）将矛头指向他人。这招是接着“表示无能”的用法之后，以“我办不到，你去拜托某某比较好”的说法，来将矛头指向他人的做法。

“我对电脑没办法，不过小王对电脑很熟，你去拜托他看看怎么样？”“我对计算工作最头大了，小芸应该做得来！”

像这样搬出一位在这方面能力比自己强的人，然后要对方去拜托他就行了。不只能力的问题，像下面这个例子中的场合也能适用。

“我如果要做这件事，恐怕要花掉不少时间。小范好像说他今天工作分量不怎么多！”只有在大家都知道哪个人的确比较胜任时才能用这招。这个办法有一个问题就是，可能会招致那个被你“转嫁”的人怨恨。想拜托人的人一定会说：“是某某说请你帮忙比较好！”对方也就会知道是你干的好事。这么一来，那个人心里一定会想：“可恶的家伙，竟然把讨厌的事推给我！”尤其当需要帮忙的工作内容，是人人都不想做的事情的时候，这种惹来怨恨的可能性就愈高。所以，最好在多数人都知道“某某事情是某某最擅长的”这样的场合才用此招。

第六章

自我调节中的心理策略

悦纳自我的战术

布鲁斯·巴顿曾说过："只有那些敢于相信自己内心有某种东西能够战胜周围环境的人，才能创造辉煌。"所以，悦纳自我，不仅是认识自我的一种境界，是我们在现代社会所应具有的素质，也是我们走向成功必须具备的自我操控能力。

那么，我们具体应该怎么做呢？总地来说，悦纳自我可以通过四个方面来实现：

第一，时刻告诉自己："我是最棒的。"

基安勒很小的时候，随母亲从意大利到了美国，在汽车城底特律度过了悲惨的童年，痛苦和自卑成为他的不良印痕。他那碌碌无为的父亲告诉他："认命吧，你将一事无成。"这个说法令他沮丧，他老是想着自己苦闷的前程。有一天，母亲告诉他："世界上没有谁跟你一样，你是独一无二的。"从此，他燃起了希望之火，他认定他是第一，没人比得上他。自信奠定了成功的基础。他第一次去应聘时，这家公司的秘书要他的名片时，他递上一张黑桃A。结果立刻得到面试的机会。经理问他："你是黑桃A？""是的。"他说。"为什么是黑桃 A？”“因为 A 代表第一，而我刚好是第一。”

这样，他被录用了。想知道后来的基安勒吗？他成功了，真的成了世界第一。他一年推销 1425 辆车，创造了吉尼斯纪录。基安勒每天临睡前都要重复几遍说：“我是第一。”然后才入睡。这种鼓舞性的暗示坚定了他的信心和勇气，使他的个性得到了有力的强化。告诉自己：“我是最棒的”，因为每个人都是独一无二的。只有这样鼓舞和接受自己，在生活中的各种事情上才会有勇气、有力量面对，才会不卑不亢，从容应对。

第二，做到从容、自信

现实生活中，人需要彼此尊重，在比自己强的人面前，不要畏缩；在比自己弱的人面前，不要骄纵。学问有深浅，地位有高低，但所有的人，人格都是平等的。然而，在现实生活中，往往有的人不惜出卖人格，不惜降低自己的尊严，去逢迎那些在某一点上比自己强的人。这种“卑己而尊人”的行为着实不妥。在人际交往中，不要忘了鲁迅先生告诫我们的一句话：“不要把自己看成别人的阿斗，也不要把别人看成自己的阿斗！”要充满自信，平等待人。

第三，相信自己的弱点也是可爱的

美国伊利诺伊州的康农，在他初任众议院的议员后当众讲演时，善于言辞的新泽西州代表斐普士说：“这位从伊利诺伊来的先生，口袋里恐怕还装着雀麦呢?”他在讽刺康农还未去掉农村气息，全会场的人都听见了，哄堂大笑，这该是多么难堪的事！康农心知肚明，他承认斐普士先生所说的，虽然是嘲弄，但也是事实。康农从容不迫地说道：“我不仅在口袋中装有雀麦，而且在头发里藏着草籽。我是西部人，难免有些乡村气，可是我们的雀麦和草籽，却能长出最好的苗来。”康农靠这样的反驳闻名全国，大家恭敬地称呼他“伊里诺伊最好的草籽议员”。康农知道：对付嘲笑这一类事，不能躲闪，也不能害怕，你越躲闪，越害怕，它便愈攻击你，使你日夜不宁，你若迎头痛击，它会为你所折服。就好像遇到野狗一样，狗若见你怕它，它便肆意咆哮；你若转身对付它，它便停了狂吠，向你摇尾乞怜。一个人受了嘲笑，不要窘态毕露，无地自容，要像康农一样，立刻承认弱点，这正表明了你自己诚实的性格。

头脑清晰的人，绝不以完人自居，他自知有许多缺点，有待改进，而别人的批评正可以把这些不自知的缺点揭露出来。我们的脸皮也不可太薄，一受批评，言中你的缺点，便神经过敏，这也是缺点。但如果脸皮太厚，无动于衷，不接受别人的批评从而改正自己的缺点，这也是不对的。

一般人总以为批评自己的是仇敌，而阿谀自己的是好友。性格懦弱的人，会被嘲笑的力量压弯了原来挺直的脊梁；而性格刚强的人，则会把别人的嘲笑视作一种促进自我完善的力量。

第四，接受不完善的自我

正如世界上没有十全十美的东西一样，也不存在精灵神通的完人。但在认识自我，看待别人的具体问题上，许多人仍然习惯于追求完美，求全责备，对自己要求样样都行，对别人也往往是全面衡量。难道那些明星、名人果真那么光彩夺目、无可挑剔吗？绝非如此。任何人总有其优点和缺点。

美国大发明家爱迪生，有过一千多项发明，被誉为“发明大王”，但他在晚年却固执地反对交流输电，一味主张直流输电。电影艺术大师卓别林创造了生动而深刻的喜剧形象，但他却极力反对有声电影。

人是可以认识自己、操纵自己的，人的自信不仅是相信自己有能力有价值，同时也相信自己有缺点有毛病。我们放弃了完美，就会明白我们每个人的两重性是不可改变的。所以，我们应当保持这样一种心态和感觉：我知道自己的长处、优点，也知道自己的短处、缺点，我知道自己的潜能和心愿，也知道自己的困难和局限，自己永远具有灵与肉、好与坏、真与伪、友好与孤独、坚定与灵活等的两重性。

使自己保持进取的战术

一个不安于现状、具有强烈进取精神的人，是不会被社会淘汰、被人所遗忘的。

毕加索在 90 岁高龄开始画一幅新画时，对世界上的事物好像还是第一次看到时一样，他仍然像年轻人一样生活着。他不安于现状，一直在寻找新的思路，运用新的表现手法来表达他的艺术感受。

但大多数画家在创造了一种适合于自己的绘画风格后，就不再追求改变了，当他们的作品得到人们的赞赏时更是这样。随着艺术家的年龄增长，他们的绘画风格，变化不会很大。而毕加索却像一位终生没有找到他的特殊艺术风格的画家，千方百计寻找完美的手法来表达他那不平静的心灵。

毕加索作画，不仅仅用眼睛，而且用思想。毕加索的画，有些色彩丰富、柔和，非常美丽，有些用黑色勾画出鲜明的轮廓，显得难看、凶狠、古怪，但是这些画启发我们的想象力，使我们对世界的看法更深刻。

当你惊叹于毕加索不懈进取的事迹时，想必很想知道自己该如何保持那种积极进取的精神。答案很简单，就是让自己每天进步一点点。

我们应该学会善用零碎时间。如在车上时、在等待时，可用于学习、用于思考、用于简短地计划一个行动等。认真利用零碎时间，短期内也许没有什么明显的效果，但积年累月，将会有惊人的成效。

为后世留下诸多优秀文章的宋代文学家欧阳修认定："吾平生所做文章，多在三上——马上、枕上、厕上。"

鲁迅先生是"把别人用来喝咖啡的时间都用在了写作上"。

达尔文说："我从来不认为半小时是微不足道的很少的一段时间。完成工作的方法，是爱惜每一分钟。"

看来，零碎的时间可以成就大事业。

没有利用不了的时间，只有自己不利用的时间。

消融紧张的战术

心理学家认为，紧张是一种有效的反应方式，是应付外界刺激和困难的一种准备。有了这种准备，便可产生应付瞬息万变状况的力量。因此，紧张并不全是坏事。然而，持续的紧张状态，则能严重扰乱机体内部的平衡，会给身心健康带来无法估量的损害，所以我们要力争克服这种心理。

具体如何克服紧张心理，可以尝试以下几种方法：

1. 暂时避开

当事情不顺利时，你暂时避开一下，去看看电影或一本书，或做做游戏，或去随便走走，改变环境，这一切能使你感到松弛。强迫自己“保持原来的情况，忍受下去”，无非是在自我惩罚。当你的情绪趋于平静，而且当你和其他相关的人均处于良好的状态，可以解决问题时，你再回来，着手解决你的问题。

2. 每天晚上做一次反省

想想看：“我感觉有多累？如果我觉得累，那不是因为劳心的缘故，而是我工作的方法不对。”丹尼尔·乔塞林说过：“我不以自己疲累的程度去衡量工作绩效，而用不累的程度去衡量。”他说，“一到晚上觉得特别累或容易发脾气，我就知道当天工作的质量不佳。”如果全世界的商人都懂得这个道理，那么因过度紧张所引起的高血压死亡率就会在一夜之间下降，我们的精神病院和疗养院也不会人满为患了。

3. 谦让

如果你觉得自己经常与人争吵，就要考虑自己是否过分主观或固执。要知道，这类争吵将对周围的亲人，特别对孩子的行为会带来不良的影响。你可以坚持自己正确的东西，静静地去做，给自己留有余地，因为你也可能是错误的。即使你是绝对正确的，你也可以按照自己的方式稍作谦让。你这样做了以后，通常会发觉别人也会这样做的。

4. 尽量在舒适的情况下工作

记住，身体的紧张会导致肩痛和精神疲劳。人生有压力是不可避免的，谁还没有个烦琐难熬的事儿吗？既然明白了这一点，就要学会自我“减压”，举重若轻，化解紧张。同时，还可以用抑制下来的精力去做一些有意义的事情。例如，做一些诸如园艺、清洁、木工等工作，或者是打一场球或散步，以平息自己的怒气。

5. 把烦恼说出来

当有什么事烦扰你的时候，应该说出来，不要存在心里。把你的烦恼向你值得信赖的、头脑冷静的人倾诉，你的父亲或母亲、丈夫或妻子、挚友、老师、学校辅导员等。

6. 改掉乱发脾气的习惯

当你感到想要骂某个人时，你应该尽量克制一会儿，把它拖到明天。

消除坏心情的战术

就像月亮有阴晴圆缺一样，人的心情同样有晴有雨。那么，当坏心情不期而遇时，我们该怎么办呢？

一般来说，消除坏心情的途径之一是疏导法。

不良情绪是破坏心理健康的常见原因，是健康的大敌。保持心理健康的一个重要手段就是及时排解不良情绪，把心中的不平、不满、不快、烦恼和愤恨统统及时倾泻出去。请记住，哪怕是一点儿小小的烦恼也不要放在心里。如果不把它发泄出来，它就会越积越多，乃至引起最后的总爆发，导致一些疾病的产生。

良好的情绪可以成为事业和生活的动力，而恶劣的情绪会对身心健康产生极大的破坏作用。

据医学界研究证明，对健康损害最大的情绪依次是抑郁、焦虑、急躁、孤立、压力等。长期持有这些消极情绪，很容易引起各种疾病，或使原本的病情加重。

过平静、舒适的生活是人们的愿望，人人都希望生活中充满欢笑。然而事实上，人世间的事物不可能尽善尽美，皆遂人愿。“天有不测风云，人有旦夕祸福”，失败、挫折、矛盾、不幸，从不放过任何人，它们对人们的精神状态产生着各种影响。古人云：“忍泣者易衰，忍忧者易伤。”如果你在日常生活中遇到令人烦恼、怨恨、悲伤或愤怒的事情，而又强行将它压抑在自己的心里，就会影响你的身心健康。因为人的声调、表情、动作的变化、泪液的分泌等，可以被意志所控制，而心脏活动和血管、汗腺的变化，肠、胃、平滑肌的收缩等随着情绪而变化，不受人的主观意志控制。

因此，当人们遭遇负面生活事件并引起不良情绪时，千万不要强行压制自己的感情，应当学会自我解除精神压抑。

环境对情绪有重要的制约和调节作用。当情绪压抑的时候，到外面走一走，去逛逛公园，到野外散步、爬山、旅游，或到娱乐场所做做游戏，看看电影、戏曲、电视剧；如果口袋里没有足够的钱或者不想过度花钱，那么就穿上运动服跑上 3000 米吧！

缓解压力的战术

人活着就会感受到压力。没有人是可以“免疫”的，不管你喜欢与否，压力是生活的一部分，会每天伴随着我们。

在现代社会中，压力普遍存在于人们的生活中，它是人们进取的动力，但也可能会带给人们各种身心疾病，破坏人们的生活质量。

心理学专家认为，适度的压力可以激发人的潜能，但是如果压力过度，就会引起生理上的不良反应，比如心跳加快、心情紧张、血压升高、腹胀、失眠等。当压力很大时，就会产生疾病，比如心脏病、高血压、偏头痛、胃溃疡等。另外，过大的压力还会造成心理上的忧虑、沮丧、恐惧、消沉、心悸、急躁等不良反应。

生活本来就是丰富多彩的，任何人的生活都不会一成不变。我们需要一帆风顺的快乐，但也要接受挑战和压力带给我们的磨炼。缺了谁，我们的生活都会显得单调。那么，面对生活和工作中的压力，又有哪些好方法可以帮助我们缓解呢?

1. 做减压呼吸操

当你感觉压力很重时，最简单、快速的方法就是做深呼吸运动，在深吸一口气后，闭气二三秒，再微微张开嘴巴，缓缓吐气，在吐气过程中闭上双眼，尽量少受到外界声音、光线的影响。如此反复做几次，可使血液循环恢复正常，心跳减速，心情自然会慢慢平静下来。

2. 说出压力

当你感觉千头万绪，不知所措时，与其自己一个人郁闷、烦恼，不如找一位知心好友，或专业辅导员，或有经验的长辈，说出内心的恐惧和问题。有时候，你所遇到的问题并不严重，只是你在心慌意乱时无法冷静思考，如果能够经过倾吐、发泄，或听听别人的意见，而看清问题的症结所在，找出解决方法，即可豁然开朗。

3. 写出压力

有时候，面对复杂却又无法逃避的问题，你可能不愿让别人知道，或找不到合适的人倾吐。这时，你不妨找张白纸，把你遇到的难题写下来，然后再写出所有可能的解决办法，无论最后是否能达到目标，此种宣泄方式都可减轻你内心的压力。

4. 唱出压力

稍微留意一下，你就会发现，大街上的KTV越来越多，但生意却都很好。这是为什么呢？因为KTV不仅可以作为商务应酬、朋友聚会、日常消遣的场所，还是一个可供人们发泄情绪、缓解压力的好去处。因此，喜欢唱歌的人，不妨在感觉自己压力重重时，到KTV唱唱自己喜欢的歌，借此抒发自己的郁闷情绪。

5. 用户外运动缓解压力

压力大时，可适当进行一些户外运动，如步行、慢跑、爬山等，这样能使全身肌肉松弛，紧张压力随之而解。

6. 甩出压力

如果没有时间外出运动，也可在办公室或家里做做“小动作”。开始先轻轻甩动手腕、手臂，然后逐渐加大摆动姿势，甩掉手臂肌肉的紧张，再用同样的方法甩动双腿、躯干和颈部，使全身肌肉放松下来。

7. 打出压力

如果压力是来自权威的力量而又无法当面发泄时，可找一个沙袋或布偶等痛打一阵，可适当舒解内心压力。

8. 静坐可帮你“坐”出压力

静坐是道教中的一种基本修炼方式。通过静坐，能够使人体阴阳平衡、经络疏通、气血顺畅，还能有效地排除心理障碍。不过，初学者必须先请专人指点正确坐姿和相关理论再尝试，如坐姿，静坐时必须端正坐姿，端坐于椅子上、床上或沙发上，面朝前、眼微闭、唇略合、牙不咬、舌抵上颚；前胸不张，后背微圆，两肩下垂，两手放于下腹部，两拇指按于肚脐上，手掌交叠捂于脐下；上腹内凹，臀部后凸；两膝不并（相距10厘米），脚位分离，全身放松。如果方法正确，你可在静坐中，借有规律的呼吸，将肌肉放松，同时使心灵宁静无杂念，让思绪清新。

9. 泡热水澡同样可以减压

很多人喜欢淋浴，其实泡泡热水澡对压力大的人来说是个很不错的选择。泡热水澡可以促进血液循环，增强新陈代谢，使肌肉松弛，减轻压力，消除人体疲劳。但是，洗热水澡也有讲究，一般说来，饭前饭后不要洗热水澡，因为这时洗澡，肝脏和肠胃的血液就会集中到身体的表面，从而抑制胃酸的分泌，影响食物的消化和人体对食物的吸收。

10. 节假日去郊游

当厌倦都市喧闹，感觉身心疲惫时，利用节假日到郊区散散心，亲近一下大自然，呼吸呼吸新鲜空气，吃顿野餐，在旷野尽情呐喊，或者放声大哭，都可以宣泄内心压力。

控制情绪的战术

我们常说："凡事要往好处想。"为什么要往好处想呢？因为我们的想法决定了我们的情绪，如果我们往好处想，就会以积极的态度面对现实，事情也会向着好的方面发展。

小林是一位年轻的公司职员，公司老板认为他做事太笨，对他的评价不高。为此，小林感到十分痛苦。试想一下：如果小林并不知道老板认为他笨，他还会因此而不快吗？当然不会。一个人怎么会为自己不知道的事情而痛苦呢？由此看来，造成小林精神不快的原因并不在于上司对他的看法，而在于他自己的感觉，是他的想法改变了他的情绪。

再举个例子，人在阴雨天的时候常感到抑郁，为什么呢？其实阴雨天气本身并不会使你抑郁，那只是你自己对天气的反应，即“你的想法使你感到抑郁。”

因此，只要我们改变了自己的想法，只要我们肯努力，我们的情绪也是可以改变的。下面列出一些在现实生活中比较实用的、能够帮你改变情绪的自言自语：

（1）从现在起，我就不再悲伤了，因为我知道我的悲伤不能解决任何问题，反而会影响我下一步的行动。

（2）从现在起，我就不再生气了，因为生气只能损害我的健康，解决不了任何问题。

（3）嫉妒别人无异于自戕，唯有努力才是实实在在的。

（4）这个世界上没有后悔药买，从现在起就开始想补救的措施，相信还有办法挽回损失。

（5）我再也不恐慌不安了，相信只要我沉着应对，没有过不去的坎。

中篇

洞悉人性，掌控人际关系

第一章
洞悉人性，拿捏分寸

对方再谦虚，也不要过分表现自我

在与人交往的过程中，我们总能遇到一些谦虚有礼的人。他们总是客套地说“如有不周之处，还请多多指教”“请多提宝贵意见”“很多方面还需要向您多多学习”……事实上，虽然说人要想得到别人的认可，就得善于表现自我，但是表现过分反而会遭到别人的反感，以至于让你寸步难行。因此，适当地低调一些，适度地隐藏自己的实力是明智之举。

柳萍刚下岗，她好不容易请理发店老板同意把她留下来工作，她觉得应该主动找事做。于是，她每天赶在大家起来之前，就把地擦了，把所有的理发器具也擦得一尘不染。

柳萍没想到的是，自己的“过分表现”却引起了别人的不痛快。原先负责搞清洁的女孩，虽然表面跟柳萍客客气气，常说“做得不好的地方还请多多批评”一类谦虚的客套话，背地里却老跟柳萍过不去，总向老板给她打小报告。幸好后来有了个机会，才使两人消除了误会。柳萍这才意识到自己无意中把别人的工作抢了。

无独有偶，还有一个事例与之类似。

王伟是某政府机关办公室主任，对下属非常和蔼，总喜欢说“有什么意见大家尽管提”。

不过，谈起新人在单位急于表现的话题，他却摇头叹气。他举例说，有一年招了一个中文系毕业生，人是很用功，但劲儿总是使不到点子上。

毕业生来上班的第三天，看见王伟桌上有一份领导发言稿，他觉得文章结构不够合理，于是，也没问过王伟就自己把稿子拿回去改了。改完以后，还直接把稿子交到了领导手里。

那篇稿子的初稿是王伟写的，已经给领导看过，并根据领导的意思做了修改，文章的结构也是领导惯用的。

开会时，领导读起稿子来很不顺，与自己习惯的风格相去甚远，会后，领导对王伟大发雷霆。

事后，王伟把毕业生叫到办公室，那位毕业生不但不觉得自己做错了事，而且还辩解说是为领导好，最后导致办公室里大家都有点儿讨厌他。

无论是谁，到了一个全新的工作环境，总希望尽快展现自己的才华，以求得到别人的了解与认同。急于显露自己的能力，这是很多新人的通病，也是人之常情。

但与他人打交道，就要做一个有心计的人，在刚开始相互接触或接手某些事情的时候，应该学会低调，适当地隐藏自己的实力，对方再怎么谦虚，也不应该过分表现自己。只有这样，才能登上成功的宝座，而且坐得稳、坐得长久。

你可以保守他的秘密，但莫让他保守你的秘密

在人际交往中，许多人，尤其是年轻人，常常把自己的秘密毫无保留地袒露出来。有时如果没把自己的心事完完全全地告诉问及的人，心中就会不安，认为自己没有以诚待人，感到对不起人家，认为别人对自己很好或很重要，不告诉人家自己的秘密是错的。很显然，这些人在如何对待自己的秘密和如何对待坦诚这些问题上，所谓的“知无不言，言无不尽”是一种错误的认识。

在生活中，人与人之间需要交流，需要友情，但谁都不愿与一个从不袒露自己的内心世界、对任何问题都不明确表态的人交往。然而，对于坦诚有一个正确的理解是十分必要的。所谓坦诚并不意味着别人要把内心世界的一切都暴露给你，也不意味着你要把内心世界的一切都暴露给别人。每个人都有秘密，这是正常的，也是必要的。

例如，一次约翰把自己的重大秘密告诉了乔治，同时再三叮嘱：“这件事只告诉你一个人，千万别对别人说。”然而一转脸，乔治便把约翰的秘密添枝加叶地告诉了别人，让约翰在众人面前很难堪。这种背信弃义有时出于恶意，有时却是无意的。

当然了，能否保守秘密也与个人的品质修养有关。有的人透明度太高，这种人不但不能为别人保守秘密，就连自己的秘密也保守不住。有的人泄露别人的秘密，不是为了伤害别人，而是为了抬高自己，“咱们单位的事，没有我不知道的”“我要是想知道某件事，我

就一定能了解出来”……这种人常这样炫耀自己，他们认为，知道别人的秘密越多，自己的身价就越高。用泄露别人秘密的方法伤害别人、娱乐自己，甚至把掌握的秘密当作要挟别人的把柄，当作自己晋升的阶梯，这种人在现实中也大有人在，对这种人最应该提高警惕。

再回到前面的例子，像约翰那样让他人为自己保守秘密，远比只让自己保守自己的秘密难得多。因此，不到万不得已的时候，不要让他人分享自己的秘密，要学会自己的秘密自己保守。因为，你的秘密一旦落入别有用心的人的耳中，它就会成为关键时刻别人攻击你的武器，使你在竞争中处于被动的局面，甚至因此而失利。

许军是某公司的业务员，在厦门工作已经有三年的时间了，他因为工作认真、勤于思考、业绩良好，被公司确定为中层后备干部候选人。总经理找他谈话时，他表示一定加倍努力，不辜负领导的厚望。但他无意间透露了一个属于自己的秘密而被竞争对手击败，遭到排挤，终于没被重用。

许军和同事王广林私交甚好，常在一起喝酒聊天。一个周末，他备了一些酒菜约了王广林在宿舍里共饮。二人酒越喝越多，话越说越多。微醉的许军向王广林说了一件他对任何人也没有说过的事。

“我高中毕业后没考上大学，有一段时间闲着没事干，心情特别不好。有一次和几个哥们喝了些酒，回家时看见路边停着一辆摩托车，一见四周无人，一个朋友撬开锁，让我把车给开走了。后来，那朋友盗窃时被逮住，送到了派出所，供出了我。结果我被判了刑。刑满后我四处找工作，处处没人要。没办法，经朋友介绍我才来到厦门。不管咋说，现在咱得珍惜，得给公司好好干。”

谁知道，没过两天，公司人事部突然宣布王广林为业务部副经理，许军调出业务部另行安排工作岗位。

事后，许军才从人事部了解到是王广林从中捣得鬼。原来，在候选人名单确定后，王广林便来到总经理办公室，向总经理说了许军曾被判刑坐牢的事。不难想象，一个曾经犯过法的人，老板怎么会重用呢？尽管你现在表现得不错，可历史上那个污点是怎么也擦洗不干净的。

知道真相后，许军虽又气又恨又无奈，但只得接受调遣，去了别的不怎么重要的部门上班。

以诚动人，抓住他人心

人与人之间交流时，如果想要说服对方认同你的观点，靠的是以诚服人、以情服人、以理服人、以德服人，这是感情、知识和心智的力量使然。情感的力量是情感的认知和共鸣，知识的力量能使人们信服观点的论证，心智的力量则能使人们接受辩手本身，并进而在有意无意中相信和支持你的论证与反驳。

正如一位诗人所言：“动人心者，莫过于情。”抓住了对方的心，与对方交谈也就成功了一半。

如果为人真诚，说话之前先有了真诚的心，那么即使是“笨嘴拙舌”也是没有什么关系的。有太多的事例一再说明，在与人交流时表达真诚要比单纯追求流畅和精彩更重要。

1915 年，小洛克菲勒还是科罗拉多州一个不起眼的人物。当时，发生了美国工业史上最激烈的罢工，并且持续达两年之久。愤怒的矿工要求科罗拉多燃料钢铁公司提高薪水，小洛克菲勒正负责管理这家公司。由于群情激愤，公司的财产遭受破坏，军队前来镇压，因而造成流血，不少罢工工人被射杀。

那种情况，可说是民怨沸腾。小洛克菲勒后来却赢得了罢工者的信服，他是怎么做到的呢？原来小洛克菲勒花了好几个星期结交朋友，并向罢工代表发表了一次充满真情的演说。那次的演说可谓不朽，不但平息了众怒，还为他自己赢得了不少赞誉。演说的内容是这样的：

"这是我一生当中最值得纪念的日子，因为这是我第一次有幸能和这家大公司的员工代表见面，还有公司行政人员和管理人员。我可以告诉你们，我很高兴站在这里，有生之年都不会忘记这次聚会。假如这次聚会提早两个星期举行，那么对你们来说，我只是个陌生人，我也只认得少数几张面孔。"

"上个星期以来，我有机会拜访整个附近南区矿场的营地，私下和大部分代表交谈过，我拜访过你们的家庭，与你们的家人见过面，因而现在我不算是陌生人，可以说是朋友了。基于这份互助的友谊，我很高兴有这个机会和大家讨论我们的共同利益。由于这个会议是由资方和劳工代表所组成，承蒙你们的好意，我得以坐在这里。虽然我并非股东或劳工，但我深觉与你们关系密切。从某种意义上说，也代表了资方和劳工。"

这样一番充满真诚的话语，可能是化敌为友最佳的途径。假如小洛克菲勒采用的是另一种方法，与矿工们争得面红耳赤，用不堪入耳的话骂他们，或用话暗示错在他们，用各种理由证明矿工的不是，那结果只能是招惹更多怨恨和暴行。

真诚就像一颗种子，你细心维护它，有一天它就会结出让你惊喜的果实。你真挚对待他人，他人也会真挚的对待你，甚至你敬人一尺，人必回你一丈。但是，我们不能够把付出真情当作某种本小利大的低风险投资，使别人觉得你的“真情”只是一种交易的筹码，而算计的权利全在你的手中。

展现自信的风采，给对方一颗定心丸

不知道你是否注意到：无论是去应聘，还是平时与他人交往，自信的人总是比唯唯诺诺的人更受欢迎。这是为什么呢?

很简单，自信是人生重要的心理状态和精神支柱，是一个人行为的内在动力，是自我成功的必然法宝；自信能够使弱者变强，强者更健。我们只有相信自己，才能激发进取的勇气，才能最大限度地挖掘自身的潜力，才能在成功的道路上健步如飞。所以，在他人面前展现出你自信的风采，无疑是给对方一颗定心丸，让对方觉得你是有能力、有实力的。

一个下着小雨的中午，车厢里的乘客稀稀拉拉的，在一个站台，上来了一对残疾的父子。中年男子是个盲人，而他不到十岁的儿子也只有一只眼睛能感光。父亲在小男孩的牵引下，一步一步地摸索着走到车厢中央。当车子继续缓缓往前开时，小男孩开口说：“各位先生、女士，你们好，我的名字叫麦蒂，下面我唱几首歌给大家听。”

接着，小男孩用电子琴自弹自唱起来，电子琴音质很一般，但孩子的歌声却有天然童音的甜美。

正如人们所预料的那样，唱完了几首歌曲之后，男孩走到车厢头，开始“行乞”。但他手里既没有托着盘子，也没有直接把手伸到你前面，只是走到你身边，叫一声“先生”或“小姐”，然后默默地站在那儿。乘客们都知道他的意思，但每一个人都装出不明白的样子，或者装睡着，或者干脆扭头看车窗外面。

当小男孩小手空空走到车厢尾时，一位中年妇女尖声大喊起来：“真不知怎么搞的，纽约的乞丐这么多，连车上都有！”

这一下，几乎所有的目光都集中到这对残疾的父子俩身上，没想到，小男孩竟表现出与年龄不相称的冷静，他一字一顿地说：“女士，你说错了，我不是乞丐，我是在卖唱。”车厢里所有淡漠的目光刹那间都生动起来，有人带头鼓起了掌。然后，是掌声一片。

一个没有生存能力的孩子，却在顽强不屈地承受着生命给予他的考验。在有人悲叹自己命运不济的时候，小男孩却用自己的成熟和坚强支撑着自己和一家，用自己的劳动、自己的歌声为自己赢得收入。面对别人的嘲笑，他毫无自卑之感，自信坦然地面对。面对这个小男孩，所有的自卑都变成了逃避人生的借口，只要坚持相信自己，掌声一定属于自己。

一般来说，我们既可以通过用语言来表达自信，也可以通过身体姿态等来表现自信。对于前者，你可以在陈述问题时多表现得诚恳些，简单明了，有重点；与人交流时可以多使用“我认为”“我宣布”等词汇；有异议时，多提出建设性的批评而不是责骂或假设“应该如何”；想提出改进意见时不用劝告的语气；以清晰、稳重、坚定的语调表达自己的思想；可以通过主动询问的方式去发现别人的思想或情感等。对于后者，在与他人当面交流的时候，多以赞赏的眼光与对方接触；坐、立姿态均坚定挺拔；以开朗的表情辅助别人的评论；平静地讲解，强调重点词汇、不犹豫等。

英国剧作家、诗人莎士比亚说：“自信是走向成功的第一步，缺乏自信即是其失败的原因。”自信是一生的事情，是一个人热爱自己并不断完善的过程。相信自己：即便不是最好的，至少也是独一无二的，毕竟“每个人都是自然界最伟大的奇迹”。

那么，请相信你自己，如果你不能做到心灵统一，就不可能发挥出生命的潜在力量，不发挥出潜在力量，就是自己埋没自己。也许你并没有意识到：在大部分时间、大多数事物中，不是别人限制你，而是你埋没了你自己！

率先化干戈为玉帛，敌对的他也会成为朋友

人生漫漫，我们总是会遇到形形色色的人。有时，一次竞争、一个分歧、甚至一句玩笑，都有可能令我们树敌。常言道：“多个朋友多条路，多个敌人多堵墙。”树敌的行为对我们个人的发展是非常不利的。

然而，时光不会倒流，世界上也没有后悔药，一旦树立了敌人，就已既成事实。很多人都想知道，我们有没有化解他人敌意的好办

法呢？与其说是办法，不如说是心机。想要化敌为友，你必须学会率先迈出第一步。从前，在苏伯比亚小镇有两个叫乔治和吉姆的邻居。虽然他们住得非常邻近，但他们的关系一点儿都不和睦，谁都不喜欢对方。日常生活里，他们相遇总会发生口角。即使夏天在后院开除草机除草时，车轮碰在一起，他们多数情况下也不会跟对方打招呼。

在一次夏天快要过去的时候，乔治和妻子外出两周，一同去度假。由于两家一向彼此充满敌意，吉姆和妻子一开始并未注意到乔治夫妇走了。没错，注意他们干什么？除了口角之外，两家相互间几乎就没什么话可说。

突然有一天傍晚，吉姆在自家院子除过草后，发现乔治家的草已经很高了，与自家刚刚除过草的草坪形成鲜明对比。对附近过往的人来说，都发现乔治夫妇显然不在家，而且已离开很久了。吉姆想，这不是等于公开邀请夜盗入户吗？这个想法如同闪电一样攫住了吉姆。当吉姆再一次看到乔治家那高高的草坪，尽管心里非常不愿意去帮助那家他非常不喜欢的人，但第二天早晨，他还是把那块长疯了的草坪除好了！

几天之后的一个周日下午，乔治和妻子多拉回到了家。他们愕然地发现，自己不在家时竟然有好心人帮他们把草坪收拾得如此干净、整齐。他们很想知道这位好心的朋友是谁，于是就到整个街区的每一家询问。然而，这里却不包括吉姆的家。

可除了吉姆家，所有询问的邻居都说不是自己做的。最后，乔治敲了吉姆家的门。吉姆开门时，乔治站在那儿不停地盯着他，脸上露出奇怪和不解的表情。

过了很久，乔治终于说话了："吉姆，你帮我除草了？"这是他很久以来第一次这样称呼吉姆的名字。"我问了所有的人，他们都没除。杰克说是你干的，是真的吗？是你除的吗？"尽管乔治的语气似乎有些责备的意味，但他内心的感谢之情仍旧不经意地流露出来。

"是的，乔治，是我除的。"吉姆答道。他以为乔治会因为自己主动除草而大发雷霆。可乔治犹豫了片刻，像是在考虑要说什么，最终用他那低得几乎听不见的声音嘟囔了一句"谢谢"之后，便急转身走开了。

能够主动帮自己敌对的人做好事，这几乎是常人意料之外的。不过，这种"帮助"所带来的结果往往也是常人意料之外的。

吉姆的主动帮忙就这样打破了他与乔治之间的敌意沉默。尽管当时他们还没发展到在一起打高尔夫球或保龄球，他们的妻子也没有为了互相借点儿糖或是闲聊而频繁地走动，但他们的关系已经出现了改善。至少除草机开过的时候他们相互间有了笑容，有时甚至说一声"你好"。也许没多久，他们就会像亲密的朋友一样分享同一杯咖啡了。

所以，当你与他人发生矛盾时，一定要学会主动示好。这种智慧的选择，可以帮你把眼前的那堵墙，变成畅通的路。

尽量让对方多说，自己才能获得更多信息

只要你稍微留心，便会发现：无论在职场，还是在情场，那些

总能赢得他人喜欢的人，往往是精明、内敛的倾听者，而不是滔滔不绝、夸夸其谈的擅说者。为什么呢？很简单，能说的不如会听的，尽量让对方多说，你自己才能获得更多信息。

卡耐基曾被邀请去参加一个桥牌集会。卡耐基不玩桥牌，在场的一位金发女郎也不玩。她发现卡耐基以前曾是罗维尔·托马斯进入无线电业之前的经理，也发现他在准备生动的旅行演讲的时候，曾在欧洲各处转过。因此她说："啊，卡耐基先生，我请求你把所有你去过的那些美妙的地方，以及你所见过的那些美丽景色，全部告诉我。"

坐在沙发上，金发女郎说她和丈夫最近刚从非洲旅行回来。"非洲！"卡耐基惊叹，"多么有意思！我一直想看看非洲，但除了有一次在阿尔及利亚待了24个小时以外，我从没去过。告诉我，你是否去过那个狩猎王国？真的，我多羡慕你，请把非洲的情况告诉我。"

接下来，她滔滔不绝地告诉卡耐基自己到过的地方，那里有多么多么的有趣……45分钟就这样过去了，她没能从卡耐基口中得到丝毫关于欧洲的信息，反而非常开心地把自己所知道的全部信息都告诉了卡耐基。

我们不难发现，在这次交谈中，卡耐基以一个"饶有兴趣的听众"的身份，赢得了金发女郎的喜欢，所以她非常开心地将自己所知道的非洲信息全部告诉了卡耐基。这也告诉我们，如果你会听，很多时候要比你能说更讨人喜欢。

也许你会问为什么？这个问题的理由至少可以举出两个：第一，

只有凭借聆听，你才能学习；第二，别人只对听他说话的人有反应。

正如卡耐基自己所言："最重要的是聆听，在你开口告诉别人你有多棒之前，你一定要先聆听。然后你才能开始认识别人，与别人交谈，千万别表现得高人一等。多跟别人交谈，用心倾听，不要太快下决定。"

你也许想不到，要想了解别人的想法，最好的办法就是听听他的意见，让他自己说出你想了解的事情。常言道："知己知彼，百战不殆。"如果你想在人际交往中游刃有余，首先就要学会做一个注意听话的人，了解别人，从别人那里获得自己想要的信息。正如查尔斯·洛桑所说的："要令人觉得有趣，就要对别人感兴趣——问别人喜欢回答的问题，鼓励他谈谈自己和他的成就。"

第二章

以心交心，互惠互利

如果能被对方需要，你也会变重要

事物都有其存在的特定价值：货币因流通的需要而存在，食物因饥饿的需要而存在，火因寒冷的需要而存在……人虽然与其他的事物不尽相同，但却同样有被需要的情感诉求，就像母亲被子女需要、情侣被对方需要一样。

真正聪明的人更愿意让人们需要，而不是让人们感激。因为，如果你能被他人需要，你就会在他人心中变得重要。有礼貌的需求心理比世俗的感谢更有价值，因为有所求，便能铭记不忘，而感谢之词最终将在时间的流逝中淡漠。

1847 年，俾斯麦成为普鲁士国会议员，在国会中没有一个可信赖的朋友。让人意外的是，他与当时已经没有任何权势的国王腓特烈威廉四世结盟，这与人们的猜测大相径庭。腓特烈威廉四世虽然身为国王，但个性软弱，明哲保身，经常对国会里的自由派让步。这种缺乏骨气的人，正是俾斯麦在政治上所不屑的。俾斯麦的选择的确让人费解，当其他议员攻击国王诸多愚昧的举措时，只有俾斯麦支持他。

1851年，俾斯麦的付出终于得到了回报：腓特烈威廉四世任命他为内阁大臣。他并没有满足于现状，仍然不断努力，请求国王增强军队实力，以强硬的态度面对自由派。他鼓励国王保持自尊来统治国家，同时慢慢恢复王权，使君主专制再度成为普鲁士最强大的力量。国王也完全依照俾斯麦的意愿行事。

1861年，腓特烈威廉四世逝世，他的弟弟威廉继承王位。然而，新的国王很讨厌俾斯麦，并不想让他留在身边。

威廉与腓特烈同样遭受到自由派的攻击，他们想吞噬他的权力。年轻的国王感觉无力承担国家的责任，开始考虑退位。

这时候，俾斯麦再次出现了，他坚决支持新国王，鼓动他采取坚定而果断的行动对待反对者，采用高压手段将自由派人士斩尽杀绝。

尽管威廉讨厌俾斯麦，但是他明白自己更需要俾斯麦，因为只有俾斯麦的帮助，才能解决统治的危机。于是，他任命俾斯麦为宰相。虽然两个人在政策上有分歧，但这并不会影响国王对他的重用。每当俾斯麦威胁要辞去宰相之职时，国王从自身利益考虑，便会让步。俾斯麦聪明地攀上了权力的最高峰，他身为国王的左右手，不仅牢牢地掌握了自己的命运，同时也掌控着国家的权力。

作为一名强者，俾斯麦认为领队强势是愚蠢的行为，因为强势已经很强大，根本不在乎你的存在，也可以说根本不需要你；而与弱势结盟则更为明智，可以让别人因为需要你而依附你，让自己成为他们的主宰力量。他们不敢离开你，否则将会给自己带来危机，他们的地位就会受到威胁，甚至崩溃。俾斯麦就是看准了这一点，才趁机登上了德国的政坛，成就了其辉煌的一生。

就这样，俾斯麦利用别人对他的需要创造了轰轰烈烈的人生。除此之外，有些人则利用别人对他的需要保住了差点儿丢掉的小命。

让自己变得重要会使你的人生之路更加平坦，也可以令你有更大的发展。而实现这一点最好的方法，就是让别人依赖你、需要你，一旦离开了你，他的计划就无法进行，他的生活就难以继续。在这样的相互关系中，只需一个小小的举动，就能带来无数的感激。需要能带来感激，感激却未必能产生需要。

正如卡耐基所言："别指望别人感激你。因为忘记感谢乃是人的天性，如果你一直期望别人感恩，多半是自寻烦恼。"你的价值因别人的需要而存在，被人需要胜过被人感激，与其让对方感激你，不如让他有求于你。

如果你有用，别怕被利用

我们常说"我好像被某某人利用了"，其实如果你换个角度思考问题的话就会发现，自己是因为有价值才被利用，利用正好证明了自己的价值，没被利用反而说明你没有多少价值，至少没有被利用的价值。

"狼狈为奸"的勾当是令每个人所不齿的，但是反过来想一想，狼和狈为何要相互勾结呢？狼和狈是两种长相十分相似的野兽，它们口味还都极其相似——都喜食猪、羊等动物。唯一不同的是：狼的两条前脚长，两条后脚短；而狈则是两条前脚短，两条后脚长。

一到夜晚，狼和狈就出来一起去偷猪、羊等家畜。有一回，一只狼和一只狈共同来到一个羊圈外，看到羊圈中有很多又壮又肥的羊，非常想偷吃。但是羊圈的墙和门都很高，它们使尽了各种办法，费尽了力气还是进不去。

于是，它们就想了一个办法。先由狼骑到狈的脖子上，然后狈站起来，把狼抬高，再由狼越过羊圈把羊偷出来。

商量过后，狈就蹲下身来，狼爬到狈的身上。然后，狈用前脚抓住羊圈的门，慢慢伸直身子。狈伸直身子后，狼将脚抓住羊圈的门，慢慢伸直身子，把两只长长的前脚伸进羊圈，把羊圈中的羊偷了出来。

这样偷羊的事，狼和狈经常互相利用对方才得以成功。如果它们不这样相互让对方利用，谁都不能把羊偷走，任何一方都要挨饿。正是由于狼和狈互相成功利用，农民大受损失，所以就有了后来的“狼狈为奸”。

其实，这个故事蕴含的道理是意味深长的。两种不同的动物，为了一个共同的目标走到了一起，学会了合作的技巧，懂得了取长补短。在利用对方的同时也谋得了自身的利益，达到了共赢的目的，是一种十分聪明的做法。

从另一个角度来看，在现实生活中，我们被人利用没有关系，关键是要在被利用中发现自己的价值和不足，然后学会反过来利用他人。这个社会不是一个人的独角戏，会合作的人才会实现利益的最大化。不要再重演“三个和尚没水喝”的故事，怕被利用的心理，只能造成 1+1+1=0 的结果。

人是群居性的动物，每个人都在社会这个大家庭中生活，彼此隔绝是不可能的，每个人都需要团队，每个人都需要合作。哲人叔本华就曾经说过：“单个的人是软弱无力的，就像漂流的鲁滨逊一样，只有同别人在一起，他才能完成许多事业。”

随着知识经济的到来，竞争日趋紧张激烈，各种新技术、新知识不断推陈出新，市场化需求越来越多样化，使得现代企业管理面临的环境和情况越来越复杂。在很多情况下，单靠一个人的力量是很难完成对各种错综复杂信息的处理和解决的，更不可能采取切实、高效的行动。这就需要依赖组织成员之间的相互合作、相互关联、协调行动，以解决各种复杂的难题，保持组织的应变能力和源源不断的创新能力。

团队合作在当代的市场经济和人际交往中显得格外重要，一个不懂得团队合作、不善于团队合作的人不是一个聪明的人。“滴水不成海，独木难成林”，只有团队之间真正地合作，才会汇成一股强大的力量，实现最终的目标。

“狼狈为奸”是大势所趋，是明智之选，因为相互被“利用”后会产生 1+1>2 的成效。在成就他人的同时，也成就了自己。

让合作者生活得更好，你也能更好地生活

高尔基曾说过：“你的钟声只有在齐鸣时才能听见，在单独鸣响时——只会淹没在那些旧钟的一片响声里。”事实上，这句话在生物界同样适用。

在广袤的欧洲大陆上，生活着一种美丽异常的动物，名叫蓝蝶。

由于它外形的炫目，人们通常把它们称作会飞的“花朵”。然而几十年前，蓝蝶的翩翩身影在暖春的晴空里消失了。

道格拉斯·麦其逊是一个专门研究蝶类的昆虫学家，对这些会飞的“花朵”凋谢之谜做了广泛而深入的研究，最后得出的结论让人很是吃惊。麦其逊发现，蓝蝶的绝种竟然与两种蚂蚁的灭绝息息相关。

原来，蓝蝶是在醋酸植物上产卵繁殖的，必须通过两种小蚂蚁的帮助才能顺利进行。蓝蝶的幼虫，腹部分泌的挥发性物质，对于蚂蚁来说是极具诱惑性的香甜美食。闻到这一特殊的香味，蚂蚁就会爬到蓝蝶幼虫的腹部边尽情享受。

而蚂蚁并不是白吃。当蚂蚁在草地上发现蓝蝶卵时，马上来照顾这些幼小的生命，生怕被其他昆虫掠去。蓝蝶的幼虫是吃树叶的，每吃完一片树叶，众工蚁就把它抬到另一片新树叶上，让它吃个饱。蚂蚁与蓝蝶的这种互惠互利关系，经历了漫长岁月的考验。由于接受了工蚁的照顾，经受过刺激的蓝蝶幼虫的表皮，生长得比其他蝴蝶幼虫的表皮厚上60倍，可有效地防止蚂蚁那铁钳一样的上颚咬穿幼虫的表皮。冬天来临，工蚁就把它们搬进自己温暖舒适的蚁穴里，蚂蚁在吸食蓝蝶幼虫分泌的“蜜露”时，甚至把自己的幼虫作为食物奉献给这位“贵宾”。

刚从茧蛹中钻出的蓝蝶也不必担心受到蚂蚁的攻击。因为新生蓝蝶的体表附着一层细小的鳞屑，就像滑石粉一样保护着蓝蝶。进攻的蚂蚁只有踉踉跄跄地在空中乱抓一气。就在这时候，蓝蝶伸展翅膀，自由自在地飞走了。

可是几十年前，贪婪的人类为了自私的目的，无情地侵占了这两种蚂蚁的生存空间。他们用推土机无情地把它们的栖息地毁灭了，小蚂蚁从此灭绝了。没有了相依为命的小蚂蚁，蓝蝶也就花殒香消。

无独有偶，在风景如画的美国加利福尼亚，年轻的海洋生物学家布兰姆做了一个十分重要的观察实验。

一天，布兰姆潜入深水以后，看到了一个奇异的场面：一条银灰色的大鱼离开鱼群，向一条金黄色的小鱼快速游去。布兰姆以为，这条小鱼已在劫难逃了。然而，大鱼并没有恶狠狠地向小鱼扑去，而是停在小鱼面前，平静地张开了鱼鳍，一动也不动。那小鱼见了，便毫不犹豫地迎上前去，紧贴着大鱼的身体，用尖嘴东啄啄西啄啄，好像在吮吸什么似的。最后，它竟将半截身子钻入大鱼的鳃盖中。几分钟以后，它们分手了，小鱼潜入海草丛中，那大鱼轻松地去追赶自己的同伴了。在这以后的数月里布兰姆进行了一系列的跟踪观察研究，他多次见到这种情景。看来，现象并不是偶然的。经过一番仔细地观察，布兰姆认为，小鱼是“水晶宫”里的“大夫”，它是在为大鱼治病。

鱼“大夫”身长只有三四厘米，这种小鱼色彩艳丽，游动时就像一条飘动的彩带，因而当地人称它“彩女鱼”。鱼“大夫”喜欢在珊瑚礁中或海草丛生的地方游来游去，那是它们开设的“流动医院”。栖息在珊瑚礁中的各种鱼，一见到彩女鱼就会游过去，把它团团围住。有一次，布兰姆发现，几百条鱼围住了一条彩女鱼。这条彩女鱼时而拱向这一条，时而拱向那一条，用尖嘴在它们身上啄食着什么东西。而这些大鱼怡然自得地摆出了各种姿势，有的头朝上，有的头向下，也有的侧身横躺，甚至腹部朝天。这多像个大病房啊！

布兰姆把这条彩女鱼捉住，剖开它的胃，发现里面装满了各种寄生虫、小鱼以及腐烂的鱼皮。这真是一种奇妙的合作：鱼“大夫”用尖嘴为大鱼清除伤口的坏死组织，啄掉鱼鳞、鱼鳍和鱼鳃上的寄生虫，这些脏东西又成了鱼“大夫”的美味佳肴。这种合作对双方都很有好处，生物学上将这种现象称为“共生”。

在大海中，类似彩女鱼那样的鱼“大夫”共有45种，它们都有尖而长的嘴巴和鲜艳的色彩。

这些鱼“大夫”的工作效率十分惊人。有人在巴哈马群岛附近发现，那儿的一个鱼“大夫”，在6个小时里竟接待了300多条病鱼。前来“求医”的大多是雄鱼，这是因为雄鱼好斗，受伤的机会较多；同时雄鱼比雌鱼爱清洁，除去脏东西后，它们便容光焕发，容易得到雌鱼的垂青。有趣的是，小小的彩女鱼在与凶猛的大鱼打交道时，不但没受到欺侮，还会得到保护呢！布兰姆对几百条凶猛的鱼进行了观察，在它们的胃里都没有发现彩女鱼。然而，他却多次看到，这些小鱼进入大鲈鱼张开的口中，去啄食里面的寄生虫。一旦敌害来临，大鲈鱼自身难保时，它便先吐出彩女鱼，不让自己的朋友遭殃，然后逃之夭夭，或冲上前去对付敌害。

不难看出，在动物界，互相合作和帮助，会使付出努力的双方均受益，大家也因此都能更好地生存和生活。其实，人类作为动物界的一员，同样需要相互合作。

不报复对方，也是在为自己开路

常言道：“多个朋友多条路，少个仇人少堵墙。”意思就是说，多结交一个朋友，就等于多为自己开辟了一条路；而得罪一个人，从而就为自己堵住了一条去路。人与人之间，只要矛盾还没有发展到你死我活的地步，总是可以化解的。记住中国有句老话：“冤家宜解不宜结。”相识就是缘分，还是少结冤家为好。

东汉时有个叫苏不韦的，他的父亲苏谦曾做过司隶校尉。李皓由于和苏谦有隙，怀着个人私愤把苏谦判了死刑，当时苏不韦只有18岁。他把父亲的灵柩送回家，草草下葬，又把母亲隐匿在武都山，自己改名换姓，用家财招募刺客，准备刺杀李皓。但事不凑巧，没有办成。很久以后，李皓升迁为大司农。

苏不韦就和人暗中在大司农官署的北墙下开始挖洞，夜里挖，白天躲藏起来。干了一个多月，终于把洞挖到了李皓的寝室下。一天，苏不韦和他的人从李皓的床底下冲出来，不巧李皓上厕所去了，于是他们杀了他的小儿子和妾，留下一封信便离去了。李皓回屋后大吃一惊，吓得在室内布置了许多荆棘，晚上也不敢安睡。苏不韦知道李皓已有准备，杀死他已不可能，就挖了李家的坟，取了李皓父亲的头拿到集市上去示众。李皓听说此事后，心如刀绞，心里又气又恨，又不敢说什么，没过多久就吐血而死。

李皓只因为一点儿私人恩怨，就置人于死地，而苏不韦一生之中只为报仇，竭心尽力。李皓不忍小仇，结果招致老婆孩子被杀，死了的父亲也跟着受辱，自己最终气愤而死，被天下人笑话，实在是太愚蠢了。

正所谓“得饶人处且饶人”，在人际交往中，最好想办法化敌为友。这样人生之路就会走得平坦许多，顺畅许多，而且还可能会有意外的收获。

非常之人必有非常之量。原谅仇敌可以带来很大好处，但是原谅仇敌并不是一件容易的事。一方面，我们很难克制自己的仇视心理；另一方面，在操作上很难做到恰到好处——带着鄙视、不屑的心理予以原谅，反而会引发新的仇恨。

人在世界上，有一个敌人不算少，有一百个朋友不算多。带着尊重的心理原谅别人，收缴他人心中的锐器。让别人对自己有所依赖，或者让自己对别人有所帮助。这样，朋友会越来越多，而仇敌会越来越少。

正如古希腊哲学家毕达哥拉斯所言：“要这样生活：使你的朋友不致成为仇人，而使你的仇人却成为你的朋友。”放开眼界，收起报复的心态，以一种宽容大度的方式对待周围的人，即便不能都使其成为朋友，也能避免使其站到自己的对立面去。

告诉他“你很重要”，回报定比器重多

许多事业上卓有成就的人成功的原因是他懂得驭人之术。而其中最重要的一点，也即最有效的一点就是让别人感到自己很重要。因为每个人都想获得来自他人的尊重，得到别人的重视。那么，你就不妨满足他这个需要。

罗斯福是一位懂得使别人感到自己很重要的人。只要是去过牡蛎湾拜访过罗斯福的人，无不为他那博大精深的学识所折服。不管对方从事多么重要或卑微的工作，也不管对方有着怎样显赫或低下的地位，罗斯福和他们的谈话总是能进行得非常顺利。

也许你会感到十分的疑惑，其实不难回答，每当他要接见某人时，他都会利用前一天晚上的时间仔细研读对方的个人资料，以充分了解对方的兴趣所在，从而让对方感觉到自己被重视了。这样精心准备怎能不使会面皆大欢喜呢？

贵为总统尚且如此，我们凡人为何不肯承认别人的重要？所以，要使他人真心地尊敬和喜欢你，非常乐意为你做事，原则上是要拿对方感兴趣之事当话题，让他感觉到自己的重要。在满足别人的重要感之后，很多事情都迎刃而解了。

据一些权威人士表示，甚至有人会借着发疯来从他们的梦幻世界中寻求自我满足。一家规模不小的精神病院的医生说："有不少人进入疯人院，是为了寻求他们在正常生活中无法获得的受重视的感觉。"人们为求受重视，连发疯都在所不惜，试想如果我们肯多给对方一分尊重、一句赞美，它的影响该有多大？

那么，在什么时候才能让对方感受到他的重要？答案是随时随地都可以。譬如，你在饭店点的是鱼香肉丝，可是，服务员端来的却是回锅肉，你就说："太麻烦您了，我点的是鱼香肉丝。"她一定会这么回答："不，不麻烦。"而且会愉快地把你点的菜端来。因为你已经表现出了对她的尊重和重视。

一些客气的话实际上就表达了你对别人的重视，"谢谢你""请问""麻烦你"诸如此类的细节，可以很容易就让对方感到他被尊重、被重视。很多人，尤其是身居上位者，极易产生一种高高在上之感，极易用一种俯视的心态去面对他人，仿佛他们只是自己实现理想的“棋子”，而忽略了其身为人对于自身肯定的需求。用真诚的心去肯定别人，就会拉近心与心之间的距离，形成一个良好的人际关系。

在通常情况下，人们内心所想的东西，即使不用嘴说出来，不用笔写出来，也会被对方觉察体会出来。假如你对对方有厌恶之情，尽管你没有说出来，但是由于你这种心理的支配，你多少会露出一些“蛛丝马迹”，被对方捕捉住，或被对方体察出来，不久，他对你也会产生坏印象。这跟照镜子是一样的道理，你对它皱眉头，它也对你皱眉头，你对它露出笑脸，它也还你一张同样的笑脸。同样地，如果我们怀着一颗真诚的心去肯定对方，对方也会同样从内心感激你，用心回报你，直至将你所交代的事情做到完美为止。

正如美国著名企业家杰克·韦尔奇所说：“天下最易使人颓丧不振、冲劲全失的原因就是来自上级主管的批评、责骂。”抛开那些伤人的话语，随之以各种各样的方式告诉他：“你很重要。”受到肯定的人自然会在尊重与肯定下以诚相待、全力以赴地去帮忙。

冷庙多烧香，临急才有佛脚抱

英雄落难、壮士潦倒，都是常见的事，只要一朝风云际会，仍是会一飞冲天、一鸣惊人的。

在那些落难英雄有困难的时候，该出手时就出手，千万别犹豫，这样在你需要人帮助时，他们才会不惜任何代价提携你走出困境。

当然，对他们的帮助要落在实处，不要停留在口头上。而且这种帮助也是需要技巧的，也就是说，当你想帮助某个人的时候，你要注意具体方法，如何帮助他，才能使他真正受益。如果不注意这一点，你常常会事倍功半，甚至会适得其反。一位盲人在大街上着急地用盲杖敲着地面，是在说他不知道该怎么走了。好心的你走上去想帮助他，告诉他左边是北，右边是南，他其实仍然分不清楚，他需要的是你拉着他的手，带着他走一段路。

林玲是一家医疗器械公司的销售代表，一次，她准备去市医院拜访一位临床主任张某，临走时，同事马姐向她透露了一个“最新情报”：“张主任被免职了，现在 ××× 才是主任，不用对他多费心思了。”林玲十分感谢马姐，但真的直接去找新主任吗？这样做似乎对原来那位“老客户”有点落井下石。

在过去一段时间的接触中，林玲知道张主任是他们院的技术骨干，曾经荣获“杰出青年专家”的称号。但他性格狂傲暴躁，据说半年前曾经因为一件小事当面与院长吵得不可开交，平常又总是太刚正，经常得罪人，他要“倒霉”是大家意料中的事。林玲为他感到惋惜，毕竟，他是一位十分优秀的医生，这一点，病人和家属的交口称赞就是最好的证明。林玲想，反正拜访新主任是迟早的事，现在还是应该先见见张主任，于是，她带着准备好的小礼品来到医院。

这时张主任正在办公室“闭门思过”，林玲的到来令他感到有点意外。很明显，张主任的心情很差，他生硬地说：“以后直接去找 ××× 谈订货的事，我已经不是主任了。”林玲微笑着递上礼品：“新主任我以后会去拜访，不过这并不妨碍我拜访您啊，您是我们公司的老朋友了，我就是来拜访公司的朋友呀。”

张主任愣了一下，似乎有些感动，态度也客气了许多，马上给林玲写了 ××× 的名字和办公室门牌号，说以后有什么问题找那位主任也可以解决。林玲知趣地告辞了：“那您先忙吧，我下次再来拜访您。”张主任苦笑着说：“还忙啥呀？主任也不当了，没什么可忙的了！”林玲转回身来，问道：“您怎么会这么说呢？”张主任显然牢骚满腹，一时还不适应角色调整，站在办公桌后茫然四顾说：“不当主任了有什么可忙的？”林玲把自己的想法说了出来：“不当主任了您还有自己的专业啊，您照样是杰出青年专家啊！现在，您可以有更多的时间研究学问了。要是都像您这么想，那我们这些大学毕业了却不能从事本专业的人又该怎么办啊？”

张主任惊呆了，从来没人敢这样对他说话，特别是一个他从未看在眼里的销售员。不过这个看上去还有几分稚气的小姑娘说得确实很有道理。林玲最后说道：“其实很多时候环境是无法改变的，如果我们无法让自己完全妥协，至少我们可以决定自己面对逆境时的态度。不论在什么环境条件下，我们都应该尽自己最大的努力去创造发挥自己，这样才不会后悔。”张主任重重地点了点头，眼中似乎有泪光在闪动。

三个月后，张主任恢复了原职。他的心态已经非常平和，因为他永远忘不了那天下午，一个普通的销售员给他上的难得的一课。而林玲也多了一个难得的朋友，在这位“贵人”的关心和帮助下，她的工作业绩直线上升，成为公司的明星员工。

我们常常说某人的成功，是因为有了贵人相助。的确，如果一个人找到了自己的贵人，就可以避免很多不必要的摸索与碰撞，少走弯路，减少挫折。而那些贵人就在身边，从现在起，多注意一下你周围的朋友，若有值得上香的“冷庙”，千万别错过了；趁自己有能力时，多结交一些潦倒英雄，使之能“为己所用”，这样的发展才会使路越走越宽广。

波斯诗人萨迪曾说：“谁若想在困厄时得到援助，就应在平日待人以宽。”“冷庙烧香”并不是很难办的事情，有时仅仅需要随时体察一下别人的需要即可。对受尽冷落之人，寸金之遇、一饭之恩，便足以使他终生铭记。

主动吃亏，让对方不得不还以人情

如今，很多人都认为“无论做什么，尽量别吃亏”。其实，吃亏并非都是坏事。有些时候，糊涂处世，主动吃亏，山不转水转，也许以后还有合作的机会，又走到一起。若一个人处处不肯吃亏，则处处必想占便宜，于是，妄想日生，骄心日盛。而一个人一旦有了骄狂的态势，难免会侵害别人的利益，于是便起纷争，在四面楚歌之中，又焉有不败之理？

“吃亏”也许只是指物质上的损失，但是一个人的幸福与否，却往往取决于他的心境如何。如果我们用外在的东西，换来了心灵上的平和，那无疑是获得了人生的幸福，这便是值得的。

不少好朋友，抑或事业上的合作伙伴，由于种种原因，后来反目成仇了，双方都搞得很不开心，结果是大打出手。有个人却不一样，他与朋友合伙做生意，几年后，一笔生意让他们将所赚的钱又赔了进去，剩下的是一些值不了多少钱的设备。他对朋友说，全归你吧，你想怎么处理就怎么处理。留下这句话后，他就与朋友分手了。显得多有风度，没有相互埋怨，这叫“好合好散”。生意没了，人情还在。

有人问李泽楷：“你父亲教了你一些怎样成功赚钱的秘诀吗?”李泽楷说，赚钱的方法他父亲什么也没有教，只教了他一些为人的道理。李嘉诚曾经这样跟李泽楷说，他和别人合作，假如他拿七分合理，八分也可以，那么他拿六分就可以了。

李嘉诚的意思是，吃亏可以争取更多的人愿意与自己合作。想想看，虽然他只拿了六分，但现在多了一百个合作人，他现在能拿多少个六分？假如拿八分的话，一百个人会变成五个人，结果是亏是赚可想而知。李嘉诚一生与很多人进行过长期或短期的合作，分手的时候，他总是愿意自己少分一点钱。如果生意做得不理想，他就什么也不要了，愿意吃亏，而让对方赚一点。这是种风度，是种气量，也正是这种风度和气量，才有人乐于与他合作，他也才越做越大。所以李嘉诚的成功更得力于他的恰到好处的处世交友经验。

很多时候，吃亏是一种福，是智者的智慧。不管你是做老板也好，还是做合作伙伴也罢，你主动吃亏，而旁边的人接受了你的“谦让”，他不仅会一心一意与你合作，跟着你干，而且还会因为感谢、感激，不断寻找机会还你人情。

曾经有一个砂石老板，没有文化，也没有背景，但生意却做得出奇地好，而且历经多年，长盛不衰。说起来他的秘诀也很简单，就是与每个合作者分利的时候，他故意只拿小头，把大头让给对方。如此一来，凡是与他合作过一次的人，都愿意与他继续合作，而且还会因为感激介绍一些朋友，再扩大到朋友的朋友，也都成了他的客户。人人都说他好，因为他只拿小头，但所有人的小头集中起来，就成了最大的大头，所以他成了真正的赢家。

第三章

将心比心，换位思考

想钓到鱼，就要像鱼一样思考

我们常说“以小人之心，度君子之腹”，也就是说，在人际交往中我习惯以己度人，习惯用自己的标准去衡量别人的行为，衡量周围的事物，并把自己的感情、意志、特性投射到其他事物上，结果不仅产生了误会还造成了预想破产，现实失利。为何会产生这样的结果呢？因为我们过于自信，自己的思考忽略了周围事物的独特个性，限制了视野，因此也很难触摸到成功。

有一位资深的营销培训专家讲过这样一堂生动的课，他说，自己很小时随父亲一起去钓鱼，但是，每次父亲总是凯旋，而自己却一无所获。沮丧的他向父亲请教：“为什么我连一条鱼也钓不到，我钓鱼方法不对吗？”他的父亲告诉他：“孩子，不是你钓鱼的方法不对，而是你的想法不对，你想钓到鱼，就得像鱼那样思考。”

“像鱼那样思考”到底是什么意思呢？很多年后他才慢慢悟到，原来鱼是一种冷血动物，对水温十分的敏感。所以，它们通常更喜欢待在温度较高的水域。但是，一般水温高的地方阳光也比较强烈，因为鱼没有眼睑，阳光很容易刺伤它们的眼睛，所以，鱼会选择待在阴凉的浅水处。浅水处水温较深水处高，而且食物也比较丰富。但处于浅水处还要有充分的屏障，比如茂密的水草，这样它们才更容易躲避危害而不受外界的侵害。所以，只有你把鱼钩放在这里才能钓到又多又好的鱼。

这就传达给我们一个重要的理念，你要会换位思考，会站在对方的立场想问题才能无往而不胜。这也应了那句俗话“要想公道，打个颠倒”，比如，你在面试时，要从用人单位和主考官的角度出发，站在他们或者他们所在的单位、部门、公司的角度出发，表现为他们理想中的“人才”，这样才能达到成功的效果。美国前总统林肯就曾这样说过：“我会用三分之一的时间来思考自己以及要说的话，花三分之二的时间来思考对方以及他会说什么话。”也就是告诉我们，无论做什么事情，要做到知己知彼，有的放矢，就必须先做到换位思考。

一个营销员要想把自己的产品推销出去，想从顾客口袋里掏钱，就要站在顾客的角度思考，就像你打算让一个男士买一套化妆品几乎是不太可能的事情，但是要他送给自己的太太或者女朋友，结果就不一样了，以男士的心态，替他想问题，这样才能有胜算。

在生活中，很多人努力工作着，却总也成功不了，其原因就在于不会换位思考。把握心理换位的策略最重要的是要了解对方，设身处地地为对方着想，想人之所想，深入体察对方的内心世界，站在对方的角度来思考你的策略，解决他的问题，也就解决了你的问题。

既然这样，当我们遇到事情的时候，特别是遇到困难和阻力的时候，不要做所谓的钻牛角尖的事情。这样费力又无功，世事都存在两个方面，换个角度，转个身，你就有可能迈进成功的门槛。

让他知道你了解他、包容他，合作更容易

美国著名小说家西奥多·德莱塞曾说过："如果人想自人生中得到更多快乐就不能只想到自己，而应为他人着想，因为快乐来自于你为别人，别人为你。"

就拿事业来说吧，你自己的努力与能力往往只是成功的一半，找到适合与你合作的人，你才算找到了成功的另一半。那么，怎样找到那个适合的人呢？就是要了解他、包容他，就像了解你自己，包容你自己一样，只有了解别人，才谈得上合作，也只有了解了别人，才能够在合作的过程中扬长避短，互相配合。

1983年春天，玛格丽特抵达"东南老人中心"，开始了她的物理治疗的独立生活。当该中心员工米莉·麦格修将玛格丽特介绍给中心人员时，她注意到玛格丽特盯着钢琴看的那一刹那流露出痛苦的表情。

"怎么了？"米莉问。

"没什么，"玛格丽特柔声说，"只是看到了钢琴，勾起我许多回忆。"米莉瞥向玛格丽特残障的右手，默默聆听眼前这名黑人妇女谈起她音乐生涯的辉煌过去。

"你在这里等一下，我马上回来。"米莉突然插口说。一会儿，她回来了，身后紧跟着一位娇小、白发、戴着厚重眼镜，并且使用助步器的女人。

"这位是玛格丽特。"米莉帮她们互相介绍，"这位是露丝·因柏格。"她又笑道，"她也弹钢琴，她跟你一样，自从中风后，就没办

法弹了。艾因柏格太太有健全的右手，而你有健全的左手，我有种感觉，只要你们互相合作，一定可以弹出好作品。”

“你知道肖邦降D调的华尔兹吗?”露丝问，玛格丽特微微点点头。

于是两人并肩坐在钢琴长椅上。两只健全的手——一只是黑色，有纤长优雅的手指；另一只手是白色，有短胖的手指——很有节奏感地在黑白键上滑动。从那天起，她们就一起坐在键盘前——玛格丽特残障的右手搂住露丝背部，露丝无用的左手搁在玛格丽特膝上。露丝健全的右手弹主旋律，玛格丽特灵活的左手弹伴奏旋律。

她们的音乐曾在电视上、教堂里、学校中、康复中心、老人之家给许多听众带来快乐。坐在钢琴长椅前，她们共享的东西不只是音乐。除肖邦、巴赫和贝多芬的音乐外，她们发现彼此的共通点比想象的要多得多——两人都是很好的祖母和寡妇，都失去了儿子，都有颗奉献的心，但若失去了对方，她们就什么也办不到。两人同坐在钢琴长椅前，露丝听见玛格丽特说：“我被剥夺了音乐，但上帝却给了我露丝。”很显然，这些年来她们并肩而坐，玛格丽特的某些信仰已经影响了露丝。露丝说：“是上帝的奇迹将我们结合在一起。”

建立良好的合作关系，还需要了解他人，包容他人。每个人都有自己的优缺点，在与人合作的过程中，你不可能只与他人的优点合作，当与他人的缺点发生冲撞时，你唯一能做的就是包容。

关于这方面，还有一个意义深刻的故事。

有一天，沙漠与海洋谈判。“我太干，干得连一条小溪都没有，而你却有那么多水，变成汪洋一片。”沙漠建议。“不如我们来个交换吧。”“好啊，”海洋欣然同意。“我欢迎沙漠来填补海洋，但是我已经有沙滩了，所以只要土，不要沙。”“我也欢迎海洋来滋润沙滩，”沙漠说，“可是盐太咸了，所以只要水，不要盐。”正如上面的海洋与沙漠一样，我们想得到一种东西，也必须容忍其他一些东西也跟过来。只有这样才是所谓的“双赢”。有两个戏剧学院的同学，毕业后一起进入演艺圈，他们都很有才气，在学校的时候就显得与众不同，两人虽然彼此惺惺相惜，却也因好强而暗中较量。虽然两人同时毕业于戏剧学院，但一位是导演系的，一位是表演系的，因此入行后，一位当导演，一位做演员。

经过一段时间的努力，两人在工作岗位上都表现得很出色，也各自拥有了一席之地。有一次，刚好有部电影可以让他俩合作，基于两人是要好的同学，而且心里对彼此的才能和需求都非常了解，所以爽快地答应一起合作。

这个导演对于演员一向要求比较严格，所以在拍戏的过程中，虽然是自己的同学也毫不客气地加以指责。而已经是名演员的老同学也有自己的见解和个性，所以片场的火药味总是很浓。

有一天，导演因为几个镜头一直拍不好，不禁怒火中烧，对着自己的老同学大发脾气，一句重话马上脱口而出：“我从来没见过这么烂的演员！”

名演员一听，脸色苍白地愣住了。他走到休息室，不肯出来继续拍戏。

“一道篱笆三个桩，一个好汉三个帮”。一个人在社会生活中，不可能永远是一个人孤军打天下，总会有与别人携手合作的时候。而事实上，我们几乎每天都会碰到许多必须与别人合作才能完成的事情，学会与别人愉快而有效地合作，无疑将会给你的生活学习带来高效率和愉悦的心情。因此，我们也可以说合作关系是人际关系的另一面镜子。

与别人合作关系差的人，其人际关系往往也很差。因此，从合作关系之中，我们可以建立良好的人际关系；从人际关系之中，我们可以巩固彼此的合作关系，这是互动的。

学会与别人合作有很多的技巧，不是说你本着一颗真诚的心就可以万事大吉的。要与人合作必须了解别人，只有在了解了别人的基础上，才谈得上合作的关系，只有对别人有了充分的了解，才能扬其长避其短，使其有信心与你共事。

客观而言，了解别人不仅仅是一种态度，也是一种能力。在很多情况下，我们都是感情用事，不够理智，不懂得换位思考，这为我们带来了许多麻烦，所以我们每个人都应该以一颗包容的心，忍受别人不合理的行为和各种不顺心的情况，学习去欣赏并接受不同的生活方式、文化等。

不揭对方伤疤，他不痛你也好过

暴露别人的隐私，对任何人来说，都不是令人愉快的事。不去提及他人平日认为弱点的地方，是对他人的尊重，是懂得为人处世的表现。因为你不给相处的人造成伤痛，大家才能长期愉快相处，否则你自己也不好过。

小李长得高大英俊，在大学校园内有“恋爱专家”的雅号。如今他是一家外资公司的高级职员，英俊的长相和丰厚的薪水使他在众多的女友中选上了貌若天仙的丽。也许是为了炫耀自己的能耐，小李带着丽去参加朋友聚会。

就在大家天南海北闲谈的时候，“快嘴王”换了话题，谈起了大学校园罗曼蒂克的爱情故事，故事的主人公自然是“恋爱专家”小李。“快嘴王”眉飞色舞地讲述小李如何引得众多女生趋之若鹜，又如何在花前月下与女生卿卿我我。丽开始还觉得新奇，但越听越不是味，终于忍耐不住，拂袖而去。小李只好撇下朋友去追丽。

“快嘴王”不是有意要揭小李的伤疤，但他的追忆方式确实使丽难以接受，无端捅出娄子。这不仅使小李要费不少周折去挽回即将失去的爱情，而且使在场的人心里也都大不高兴，自然也会影响到自己的人际关系。

在朋友聚会时，说些愉快的事是活跃气氛的好办法，但口下留情很重要，千万不要揭别人的伤疤，否则，你就会成为不受欢迎的人。说话应该谨言慎行，给语言的刀子加上一把鞘。

在中国素有所谓“逆鳞”之说，即使再驯良的龙，也不可掉以轻心。龙的喉部之下约直径一尺的部位上有“逆鳞”，全身只有这个部位的鳞是反向生长的，如果不小心触到这一“逆鳞”，必会被愤怒的龙所杀。其他的部位任你如何抚摸或敲打都没关系，只有这一片逆鳞无论如何也接近不得，即使轻轻抚摸一下也犯了大忌。

所以，我们可以由此得知，无论人格多高尚、多伟大的人，身上都有“逆鳞”存在。只要我们不触及对方的“逆鳞”就不会惹祸上身。所以说，所谓的“逆鳞”就是我们所说的“痛处”，也就是缺点、自卑感，针对这一点，我们有必要事先研究，找出对方“逆鳞”所在位置，以免有所冒犯。

世界上任何一位真正伟大的人，都是绝不会浪费宝贵的时间去羞辱失败者的。有这样一个例子：

1922年，土耳其决定把希腊人逐出土耳其的领土。凯末尔对他的士兵发表了一篇拿破仑式的演说，他说：“你们的目的地是地中海。”于是近代史上最惨烈的一场战争开始了。最后土耳其获胜，而当希腊将领前往凯末尔总部投降时，几乎所有土耳其人都对他们击败的敌人加以羞辱。

但凯末尔丝毫没有显出胜利的傲气。“请坐，先生，”他说着，并握住他们的手，“你们一定走累了。”然后，在讨论了投降的细节之后，他安慰他们失败的痛苦。他以军人对军人的口气说：“战争这种东西，最优秀的将领有时也会打败仗。”凯末尔即使是沉浸在胜利的极度兴奋中，仍能做到照顾手下败将的面子。这是多么可贵的一种行为！所以，让人尊敬的妙招，就是给他人留足面子。

做人还是应该和气一些，宽宏大度一些。“面子”问题说白了就是一个人的“尊严”问题。给人留点面子，就是尊重和重视对方的表现。事实上，给人留面子并不难，也无关道德，大家都是在人性丛林里讨生活，给人面子基本上就是一种互助。尤其是一些无关紧要的事，你更要给人面子。当然，至于重大的事，就可以考虑不给，你不给，对方也不敢对你有意见，他若强要面子，就有可能在最后失去面子。

然而，世间人的性格类型却是千奇百怪。我们说左，他说右，那我们说右，他偏又非说左不可，像这样永远和别人唱反调的人也不少。

当然也有掩藏自己心底的企图而试探对方的心意，不惜唯唯诺诺，奉承拍马屁，迎合对方口气，以探虚实的人。

谁都明白，受伤的疮疤不能揭，因为越揭越容易发炎，甚至会使伤口扩大。触人痛处，犹如揭人疮疤，其结果犯了人与人相处的大忌，得罪了别人，自己也没有捞不到什么好处。

站在对方立场说话，他才容易听你的话

很多人往往习惯将自己的想法或意见强加给别人，总觉得它们才是解决问题的最好方式。虽然出发点都是好的，是为了帮助别人解决某些问题，但是却始终没有站在对方的立场上想过——这样是否适合？

当我们和别人商谈事情时，我们不应该先自我确定标准和结论，应该先站在对方的立场上仔细想一想，询问对方对这件事情的看法和他认为应该如何解决这个问题，而不是直接讲一番大道理来逼迫对方接受自己的观点，这样反而更容易让对方听你的话。

很多时候，站在对方的立场上考虑问题，你会发现，你跟他有了共同语言，他的所思所想、所喜所恶，都变得可以理解甚至显得

可爱。在各种交往中，你都可以从容应对，要么伸出理解的援手，要么防范对方的恶招。许多人不懂得如何站在对方立场上思考和说话，这是导致很多事情做不成功的一大原因。

你若能站在他人的立场上说话，能给他人一种为他着想的感觉，这种技巧常常使你的话具有极强的说服力。要做到这一点，“知己知彼”十分重要，唯先知彼，而后方能从对方立场上考虑问题。成功的人际交往语言，有赖于发现对方的真实需要，并且在实现自我目标的同时给对方指出一条可行的路。

某精密机械工厂生产某种新产品，将其部分部件委托另外一家小型工厂制造，当该小型工厂将零件的半成品呈送总厂时，不料全不符合该厂要求。由于新产品上市迫在眉睫，总厂产品负责人让小厂尽快重新制造，但小厂负责人认为他是完全按总厂的规格制造的，不想再重新制造，双方僵持了许久。这时总厂厂长在问明原委后，便对小厂负责人说：“我想这件事完全是由于公司方面设计不周所致，而且还令你吃了亏，实在抱歉。今天幸好有你们帮忙，才让我们发现了产品的缺点。只是事到如今，产品总是要上市的，你们不妨将它制造得更完美一点，这样对你我双方都是有好处的。”那位小厂负责人听完，欣然应允。

也许你会质疑：“站在对方的立场上说来容易，实际要做的时候也那么容易吗？”没错，站在对方立场上说话确实不容易，却不是不可能。许多口才不错的人都能做到这一点。因为若不如此做，谈话成功的希望就可能是很小的。真正会说话的人，善于从他人的角度来设想，并且乐此不疲。然而，他们也并非一开始就能做得很好，而是从一次次的说服过程中吸收经验、汲取教训，不断培养这种习惯，最后才达到这种境界的。因此，只要你愿意，这并不是件太难的事。

诙谐对待他人的错误，他过得去你也过得去

不知道你是否发现，大度诙谐更多时候比横眉冷对更有助于问题的解决，对他人的小过以诙谐的方法对待，实际上就是一种糊涂处世的态度。

20世纪50年代，台湾地区的许多商人知道于右任是著名的书法家，于是他们纷纷在自己的公司、店铺、饭店门口挂起了署名于右任的招牌，以示招徕。其中确为于右任所题的极少，半真半假的居多，完全假的有时也有所见。

一天，于右任的一个学生急匆匆地来见老师，说："老师，我今天中午去一家平时常去的羊肉泡馍馆吃饭，想不到他们居然也挂起了以您的名义题写的招牌。青天白日，明目张胆地欺世盗名，您老说可气不可气！"正在练习书法的于右任"哦"了一声，放下毛笔然后缓缓地问："他们这块招牌上的字写得好不好？"

"好个啥子哟！"学生叫苦道，"也不知道他们在哪儿找了个书生写的，字写得歪歪斜斜，难看死了。下面还签上老师您的大名，连我看着都觉得害臊！"

"这可不行！"于右任沉思道。

“我去把那幅字摘下来！”学生说完，转身要走，但被于右任喊住了。

“慢着，你等等。”

于右任顺手从书案旁拿过一张宣纸，拎起毛笔，“刷刷刷”在纸上写下些什么，然后交给恭候在一旁的学生，说：“你去把这幅字交给店老板。”

学生接过宣纸一看，不由得呆住了。只见纸上写着笔墨流畅、龙飞凤舞的几个大字，“羊肉泡馍馆”，落款处则是“于右任题”几个小字，并盖了一方私章。整个书法，可称漂亮至极。

“老师，您这……”此学生大惑不解。

“哈哈！”于右任抚着长髯笑道，“你刚才不是说，那块假招牌的字实在是惨不忍睹吗？我不能砸了自己的招牌，坏了自己的名声！所以，帮忙帮到底，还是麻烦你跑一趟，把那块假的给换下来，如何？”

“啊，我明白了，学生遵命。”转怒为喜的学生拿着于右任的题字匆匆去了。这样，这家羊肉泡馍馆的店主竟以一块假招牌换来了于右任的真墨宝，喜出望外之余，未免有惭愧之意。

第四章

以心治心，掌控主动

欲震慑“猴”，就在其面前杀“鸡”

杀鸡儆猴，是中国古代统治者用来镇压民众或威慑人心的惯常手段。人们一旦提起，总感觉其带有些阴暗的色彩。但“杀鸡儆猴”这一潜规则也给我们带来不小的启迪，那就是如果想震慑“猴”，就在其面前杀“鸡”。这样不仅能起到震慑人心的作用，更能让自己处于人生的主动地位。

齐国人孙武是我国古代伟大的军事家，被誉为兵学的鼻祖。他因内乱逃到吴国，把自己所著的兵法敬献给吴王阖闾。阖闾说：“您写的兵法13篇，我都细细读过了，您能当场演习一下阵法吗？”孙武回答说：“可以。”吴王又问：“可以用妇女进行试练吗？”孙武又答道：“可以。”于是吴王派出宫中美女180人，让孙武演练阵法。

孙武把她们分成两队，让吴王最宠爱的两个妃子担任队长，每位宫女手拿一把戟。孙武问她们：“你们知道自己的心、左右手和背的部位吗？”她们都回答说：“知道。”孙武说：“演习阵法时，我击鼓发令：让你们向前，你们就看着心所对的方向；让你们向左，就看着左手所对的方向；让你们向右，就看着右手所对的方向；让你们向后，就立刻转向后背的方向。”她们都齐声回答说：“是。”

孙武将规定宣布完后，便陈设斧钺，又反复强调军法。一切准备妥当后，孙武击鼓发令向右，宫女们却嬉笑不止，不遵奉命令。孙武说：“规定不明确，口令不熟悉，这是主将的责任。”于是他重新申明号令，并击鼓发令向左，宫女们仍然嬉笑不止。孙武说：“规定不明确，口令不熟悉，这是主将的责任；现在既然已经明确，你们仍然不服从命令，那就是队长和士兵的过错了。”说罢，命令斩杀两名队长。

当时吴王正站在观操台上，见孙武要斩杀他的两个爱妃，大吃一惊，急忙派人向孙武传令：“我已经知道将军善于用兵了。没有这两个爱妃，我连吃饭也没有味道，请您不要杀掉她们。”孙武回答说：“臣既然已经受命为将帅，就应该尽职尽责做好分内的事。将帅在处理军中的事务时，君主的命令如果不利于治军，可以不接受。”说完，仍下命令斩杀两名队长示众，并重新任命两名宫女担任队长。孙武再次击鼓发令，宫女们按照鼓声向左向右，向前向后，跪下起立整齐划一，她们的一举一动完全符合孙武的要求，没有一个人敢发出嬉笑声。

孙武正是运用了“杀鸡儆猴”的策略，才使众宫女乖乖听从指挥，从而树立了自己的威信。由此可见，作为部队的指挥官，必须做到令行禁止、法令严明。否则，指挥不灵，令出不行，士兵如一盘散沙，怎能打仗？所以，历代名将都特别注意严明军纪。管理部队刚柔相济，关心和爱护士兵，但绝不能有令不从，有禁不止。

“激励”让他多干活，“赞赏”让他积极干活

任何一个团队里，想要管理好下属或其他人，想让他们积极地多做工作，“激励”与“赞赏”是领导者不可缺少的法宝。下面，我们来看一个有趣的寓言：

有一天，猎人带着一只猎狗到森林中打猎，猎狗将一只兔子赶出了窝，追了很久也没有追到，后来兔子一拐弯，不知道跑到哪去了。牧羊犬见了，讥笑猎狗说：“你真没用，竟然跑不过一只小小的兔子。”猎狗解释说：“你有所不知，不是我无能，只因为我们两个跑的目标完全不同，我仅仅是为了一顿饭而跑，而它却是为了性命啊。”

这话传到了猎人的耳朵里，猎人想，猎狗说得对呀，我要想得到更多的兔子，就得想个办法，消灭“大锅饭”，让猎狗也为自己的生存而奔跑。猎人思前想后，决定对猎狗实行论功行赏。

于是猎人召开猎狗大会，宣布：“在打猎中每抓到一只兔子，就可以得到一根骨头的奖励，抓不到兔子的就没有。”

这一招果然有用，猎狗们抓兔子的积极性大大提高了，每天捉到兔子的数量也大大增加了，因为谁也不愿看见别人吃骨头，自己却干看着。

可是，一段时间过后，一个新的问题出现了：猎人发现猎狗们虽然每天都能捉到很多兔子，但兔子的个头却越来越小。

猎人疑惑不解，于是，他便去问猎狗：“最近你们抓的兔子怎么越来越小了？”猎狗们说：“大的兔子跑得快，小的兔子跑得慢，所

以小兔子比大兔子好抓多了。反正，按你的规定，大的小的奖励都一样，我们又何必要费那么大的力气，去抓大兔子呢？”

猎人终于明白了，原来是奖励的办法不科学啊！于是，他宣布：从此以后，奖励骨头的多少不再与捉到兔子的只数挂钩，而是与捉到兔子的重量挂钩。

此招一出，猎狗们的积极性再一次高涨，捉到兔子的数量和重量，都远远超过了以往，猎人很开心。

有研究表明，如果只是被动服人，缺乏自觉性和积极性的话，员工只能发挥其能力的20%~40%，而如果他们被充分激励后，则可以发挥80%~90%。

激励最有效的手段就是奖励。奖励也是有学问的。奖励不当不仅不能激励员工，而且会打击员工的积极性。这是管理者必须考虑周全的问题。不过，在运用激励的同时，赞赏的强大作用也不可忽视。它会让员工以良好、饱满的精神状态投入工作。

在麦克尔·勒勃夫出版的一本名为《世界上最伟大的管理规律》的书中指出，这个规律就是：受到奖赏的行为会不断重复。这是一条在任何组织中都很重要的规律，但令人遗憾的是，它也是常被人忽略的一条规律。公司对员工的赞赏不应是管理者的简单习惯，而需要确立制度，使之运行自如。总之，赞赏能为许多人创造良好的工作情绪，不要让这种良好的工作方式只是随机出现，要系统地表现出更多的欣赏和感谢，而非批评和抱怨。

单刀直入，开门见山直逼其要害

在辩论、谈判等需决胜负的交际场合中，单刀直入、开门见山是制胜比较常用的方法。这主要是在面对特殊的话题或特殊的对手，使自己难以组织说理性的攻击时而采用的一种较为简便但又能慑服对手的一种战术。

所谓开门见山，其意就在于要求雄辩者不拐弯抹角，一开口就切入正题，造成先声夺人的气势，给对方一个冷不防。开门见山式的辩词通常是雄辩者在事先准备好的。也就是说，在舌战之前，对欲战的题目乃至对对手的实力进行理性的分析后，制订一两句能让对方躲闪不及又必须正视的辩词来应对，以此搅乱对方的正常心态，使之在昏乱中做出对其不利的反应。

在充分研究材料、掌握对方情况的前提下，抓住要害、单刀直入、开门见山，一开始就接触问题的实质，趁敌方未加防范时，使对手失去平衡，以夺取论战中的精神优势，获得先机之利。

战国时，齐国的孟尝君主张合纵抗秦，他的门客公孙弘对他说："您不妨派人到西方观察一下秦王。如果秦王是个具有帝王之资的君主，您恐怕连做属臣都不可能，哪里顾得上跟秦国作对呢？如果秦王是个没有才能的君主，那时您再合纵跟秦作对也不算晚。"

孟尝君说："好，那就请您去一趟。"

公孙弘便带着十辆车前往秦国去看动静。

秦昭王听说此事，想用言辞羞辱公孙弘。

公孙弘拜见昭王，昭王问："薛这个地方有多大？"

公孙弘回答说："方圆百里。"

昭王笑道："我的国家土地纵横数千里，还不敢与人为敌。如今孟尝君就这么点地盘，居然想同我对抗，这能行吗？"

公孙弘说："孟尝君喜欢贤人，而您却不喜欢贤人。"

昭王问："孟尝君喜欢贤人，怎么讲？"

公孙弘说："能坚持正义，在天子面前不屈服，不讨好诸侯，得志时不愧于为人主，不得志时不甘为人臣，像这样的人士，孟尝君那里有三位。善于治国，可以做管仲、商鞅的老师，其主张如果被听从施行，就能使君主成就王霸之业，像这样的人士，孟尝君那里有五位。充任使者，遭到对方拥有万辆兵车君主的侮辱，像我这样敢于用自己的鲜血溅洒对方的衣服而维护尊严的，孟尝君那里有十个。"

秦国国君昭王笑着道歉说："您何必如此呢？我对孟尝君是很友好的，并准备以贵客之礼接待他，希望您一定要向他说明我的心意。"

公孙弘答应着回国了。

有的时候，一言就能定输赢，紧紧抓住要点，一针见血，给人一种简洁、干练的感觉，冗长的客套话往往会引起对方反感。

在现实生活中，开门见山的表达方法，可以说明自己的信心、信念和不可动摇的意愿，并以一定的口吻促使对方改变原来的主意，不再犹豫，不再因考虑细小枝节而对关键性的问题而和你抗衡；可以在对手未加防范时，使其失去平衡，赢得论战中的精神优势；可以给人一种简洁、干练的感觉。

此外，这种战术在辩场上常以发问形式出现。如果对方避而不答，可追问他们不答复的理由。若答复不能自圆其说，或其所说不利于发问者，因发问者早有准备，胸有成竹，可立即进行辩驳。

在一般情况下，开门见山的发问，对被问者来说都是不好对付的。正由于此，被问者在慌乱中往往会出现词不达意或越答越错的现象，这样，发问者便可轻而易举地将对手击败了。

实现野心要“名正言顺”，让他无话可说

凡成大事者都有惊人的野心，但智者知道如何控制勃勃雄心，在条件不具备时不轻易显露。唯有在一切都“水到渠成”之时，野心才能真正实现，所以凡事不必操之过急，要遵循循序渐进的发展规律。

武则天本是唐高宗的爱姬。公元683年，唐高宗头眩病复发，不治身亡。即位的唐中宗李显品性庸懦，毫无主见，凡事都对母亲武则天言听计从，执政大权渐渐落入武则天手中。

昔日唐高宗在位时，因患有头眩病，自公元660年起，便把大小政事多半委托武则天处理，自己好清心养性，武则天也因此渐渐掌握了朝中大权。唐高宗一死，即位的又是她的儿子，要想废黜只是一句话而已。这样，武则天不觉野心萌动，想要尝试一下当女皇帝的滋味。

然而，在一个夫权为上的男性社会里，传统的男尊女卑的观念早已深入人心，要撼动谈何容易。唐中宗被废后，武则天故意试探性地问群臣：“此后应由何人承续帝位？”宰相应声答道：“就立豫王李旦为帝。”李旦是武则天和唐高宗所生的最小的儿子。其他人也众口一词，没有一个人会想到武则天自己想过一把当皇帝的瘾。群

臣的意见让武则天心凉了半截，但也给她打了一针清醒剂，她知道，自己现在做皇帝还不是时候。

无奈，她只好暂立豫王李旦做了挂名皇帝，是为唐睿宗。即使这样，仍有不少大臣屡屡站出来劝谏，要武则天尽早把权力还给皇帝李旦。李敬业甚至召集十余万兵马，发誓要杀掉这个想篡夺大唐江山的女子。大文豪骆宾王也挥毫抒愤，写出了力透素纸、千古名扬的《讨武檄文》，追随李敬业麾下，兵败而不知所终。之后仍有许多州县的一大批刺史起兵讨武……

面对如此强大的反对力量，武则天心里明白，虽然此时在朝中说句话她就能坐上皇帝的宝座，但众人不服，民心不稳，这样的女皇不会做长久，也可能在历史上留下恶名。于是，她放眼前途，决定费些时间大造声势，设法改变人们的观念，改变民众对女人尤其对她这个不一般的女人的敌视态度。

首先，武则天表面上装作归政于李旦，暗地里却让李旦写表坚决推辞，而自己则好像是迫不得已才临朝，掌握皇权。接着，她又让侄子武承嗣派人在石头上刻上"圣母临人，永昌帝业"八个大字，涂成红色，扔进洛水，再由雍州人唐同泰取来献给朝廷。武则天亲祭南郊，告慰神灵，称此石为"授圣图"，改洛水为永昌水，封洛水神为显圣侯，给自己加号圣母神皇，封唐同泰为游击将军，并举行了声势浩大的拜洛受瑞仪式，使人以为她当皇帝乃是奉循上天的旨意。而后，她又暗使高僧法明杜撰了《大云经》四卷，遍送朝廷内外。《大云经》中在醒目的位置称武则天本是弥勒佛的尘世化生，理当代为主宰唐朝。武则天便令两京诸州官吏，使百姓大读特读，并专门建寺珍藏。

此外，她又令侍御史傅游艺率领关中的百姓900余人，来朝廷上表，恳请武则天亲临帝位。

武则天佯装不答应，却马上把傅游艺提升为给事中。如此升官捷径，哪个不会效法？于是，百官宗戚，远近百姓，四夷酋长，沙门道士竞相仿效傅游艺，上表奏请武则天当皇帝。有一次上表者竟多达6万余人。

如此大造舆论，众人都觉得武则天做皇帝已是上应天意下顺民心，势所必然。百官群臣也乐得顺水推舟，请求武则天早日登基，就连挂名皇帝李旦竟也认为自己这个皇帝是抢了母亲的位，亲自上表请求改姓武。

时机成熟之后，武则天才废了李旦，亲自登基为帝，反对者声息皆无，她这个皇帝也就坐稳了。

武则天是一位深知历史潜规则的女中豪杰，她对民众的心理和她身边的局势可谓了如指掌。虽然她有雄心，但并不急于行动，而是借助方方面面的力量，为达到自己真正的意图摇旗呐喊。一切都是那么顺理成章，武则天也乐于“顺水推舟”，牢牢地坐定了自己的宝座。

可见，如果你是那种有志向的人，不妨学习一下武则天，在成事前尽量隐藏自己的“野心”。别让自己过早地成为“众矢之的”，以致让目标流于失败。

收放结合，才能把对方牢牢制住

古人云：“文武之道，一张一弛。”用到驭人方面，只有懂得收放分寸的人，才能将主动权稳固地把握于己身。想要更深刻理解这一点，我们不妨看看下面的故事。刘秀当上东汉开国皇帝后，有一段时间很是忧郁。群臣见皇帝不开心，一时议论纷纷，不明所以。

一日，刘秀的宠妃见他有忧，怯生生地进言说："陛下愁眉不展，妾深为焦虑，妾能为陛下分忧吗?"刘秀苦笑一声，怅怅道："朕忧心国事，你何能分忧？俗话说，治天下当用治天下匠，朕是忧心朝中功臣武将虽多，但治天下匠的文士太少了，这种状况不改变，怎么行呢?"宠妃于是建议说："天下不乏文人大儒，陛下只要下诏查问、寻访，终有所获的。"刘秀深以为然，于是派人多方访求，重礼征聘。

不久，卓茂、伏湛等名儒就相继入朝，刘秀这才高兴起来。刘秀任命卓茂做太傅，封他为褒德侯，食二千户的租税，并赏赐他几乘车马，一套衣服、丝绵五百斤。后来，又让卓茂的长子卓戎做了太中大夫，次子卓崇做了中郎，给事黄门。

伏湛是著名的儒生和西汉的旧臣，刘秀任命他为尚书，让他掌管制定朝廷的制度。卓茂和伏湛深感刘秀的大恩，他们曾对刘秀推辞说："我们不过是一介书生，为汉室的建立未立寸功，陛下这般重用我们，只怕功臣勋将不服，于陛下不利。为了朝廷的大计，陛下还是降低我们的官位为好，我们无论身任何职，都会为陛下誓死效命的。"

刘秀让他们放心任事，心里却也思虑如何说服功臣朝臣，他决心既定，便有意对朝中的功臣们说："你们为国家的建立立下大功，朕无论何时都会记挂在心。不过，治理国家和打天下就不同了，朕任用一些儒士参与治国，这也是形势使然啊，望你们不要误会。”

尽管如此，一些功臣还是对刘秀任用儒士不满，他们有的上书给刘秀，开宗明义便表达了自己的反对之意，奏章中说：“臣等舍生忘死追随陛下征战，虽不为求名求利，却也不忍见陛下被腐儒愚弄。儒士贪生怕死，只会搅动唇舌，陛下若是听信了他们的花言巧语，又有何助呢？儒士向来缺少忠心，万一他们弄权生事，就是大患。臣等一片忠心，虽读书不多，但忠心可靠，陛下不可轻易放弃啊！”

刘秀见功臣言辞激烈，于是更加重视起来，他把功臣召集到一处，耐心对他们说：“事关国家大事，朕自有明断，非他人可以改变。在此，朕是不会人言亦言的。你们劳苦功高，但也要明白‘功成身退’的道理，如一味地恃功自傲，不知满足，不仅于国不利，对你们也全无好处。何况人生在世，若能富贵无忧，当是大乐了，为什么总要贪恋权势呢？望你们三思。”

刘秀当皇帝的第二年，就开始逐渐对功臣封侯。封侯地位尊崇，但刘秀很少授予他们实权。有实权的，刘秀也渐渐压抑他们的权力，进而夺去他们的权力。大将军邓禹被封为梁侯，他又担任了掌握朝政的大司徒一职。刘秀有一次对邓禹说：“自古功臣多无善终的，朕不想这样。你智勇双全，当最知朕的苦心啊。”邓禹深受触动，却一时未做任何表示。他私下对家人说：“皇上对功臣是不放心啊，难得皇上能敞开心扉，皇上还是真心爱护我们的。”邓禹的家人让邓禹交出权力，邓禹却摇头说：“皇上对我直言，当还有深意，皇上或是让我说服别人，免得让皇上为难。”

邓禹于是对不满的功臣一一劝解，让他们理解刘秀的苦衷。当功臣们情绪平复下来之后，邓禹再次觐见刘秀说：“臣为众将之首，官位最显，臣自请陛下免去臣的大司徒之职，这样，他人就不会坐等观望了。”

刘秀嘉勉了邓禹，立刻让伏湛代替邓禹做了大司徒。其他功臣于是再无怨言，纷纷辞去官位。他们告退后，刘秀让他们养尊处优，极尽优待，避免了功臣干预朝政的事发生。

恭维说得不动声色，将对方“捧”服

虚荣是人的本性，每个人都会暗暗为自己的优点得意，并希望别人注意和赞美自己的优点。

拣别人爱听的、想听的话说，迎合他的虚荣心，自然可博得对方的欢心。恭维便是这其中的关键所在，恭维是一种重要的交际手段，它能在瞬间沟通人与人之间的感情。任何人都希望能被人恭维或赞美，高帽子人人都爱戴。

袁枚是清朝著名的才子，他少年成名，刚过二十岁就被任命为某地知县。赴任前，袁枚去老师那里告辞。老师问他：“官不是那么好当的，你年纪轻轻就做上了知县，有什么准备啊？”

袁枚说：“并未作什么特别的准备，只是带了一些高帽子，准备见人就送一顶，因为人人都喜欢戴高帽子啊！”

老师一听，不高兴了：“为官要正直，亏你还读了那么多书，怎么也搞这一套呢？”袁枚马上回答：“老师的话很对，可请老师您想想，当今这个世界上，像老师您这样不喜欢戴高帽子的人，又有几个呢？”

听到袁枚这么一说，老师马上就转怒为喜。于是，师生欢欢喜喜地告别了。

袁枚从老师的家里出来后，感慨道："我准备的一百顶高帽子，还没到任，就已经送出去一顶了。"

的确，高帽子人人爱戴，这是因为每个人都渴望被赞美和肯定，而高帽正好迎合了人们的这种欲望。高帽戴得好，便能将别人掌握在自己的手中。适时地给人送上一顶高帽子，可以赢得对方的友谊与好感。

在现实生活中，戴高帽的做法常被人耻笑，主要是因为那些品位低俗、令人生厌的伪劣"马屁"随处都是，以至于人们早已习惯将恭维、赞美与"马屁"混为一谈。其实高帽分有三六九等不同质地。上等品被称为"赞美""赞扬""赞许""称颂"等，下等品则被贬为"讨好""阿谀奉承""溜须拍马""献媚邀宠"。

由此可见，如何送出高帽子，既要达到目的，又要不流于俗，并不是一件容易的事，送的方式也是有讲究的。

清朝刊印《二十四史》时，乾隆非常重视，常常亲自校核，每校出一处差错来，就觉得是做了一件了不起的事，心中很是痛快。其他大臣，为了迎合乾隆的这种心理，就在抄写给乾隆看的书稿中，故意在明显的地方抄错几个字，以便让乾隆校正。这样做比当面奉承乾隆学问深，能收到更好的效果。这个马屁拍得不着痕迹，让乾隆浑然不觉却又浑身舒坦，因而大讨乾隆欢心。

由此看来，恭维的确是一种艺术，关键之处在于根据人的不同心理需求和具体情况来选择和斟酌自己的话语，让自己无论怎么说，别人都爱听。恰到好处的恭维，能使双方的感情和友谊在不知不觉中得到增进，还会调动其交往合作的积极性。

实施“苦肉计”，将狡猾的他制服

“苦肉计”是中国历史潜规则中不可忽视的一条。在面对狡猾的对手时，唯有付出鲜血的代价，才能将之制伏。吴王阖闾是派人暗杀了吴王僚后才登上王位的，僚的三个儿子逃亡在外，吴王阖闾以为大患，日夜难安。一日，阖闾对大臣伍子胥说：“僚的三个儿子，以庆忌最为刚烈勇猛，听说他在外网罗部属，发誓要为父报仇，打回吴国，此人不可不除啊。”伍子胥说：“庆忌狡猾多计，实在是强敌，他活在世上一天，大王就有不可预测的凶险。臣向大王推荐一人，此人肯定可为大王建功。”

伍子胥于是把要离举荐给吴王阖闾。阖闾见要离身材短小，形象丑陋，与他想象的志士相去甚远，不禁大为失望。伍子胥看出了阖闾的心思，劝他说：“好马贵在能负重致远，而不在其形体的大小。要离虽然相貌平常，但是智勇无敌，此人绝非等闲之辈啊。”

要离不卑不亢地对阖闾说：“善于杀人者靠的是智慧而不是体力，善于谋叛者依仗的是骗取信任而不是明斗。我若能亲近庆忌，让他引为心腹，杀他岂不是轻而易举的事吗？”阖闾被要离的话打动，马上以礼相待。三人计议多时，终于形成了谋刺庆忌的方案。

次日，在朝堂上，伍子胥上奏吴王请求派兵伐楚，并且推荐要离担任伐楚将领。吴王阖闾故意不屑地说：“要离手无缚鸡之力，岂可为将？他这个人无德无能，寡人只是可怜他才将他留在朝中。何况吴国刚刚安定，如果出兵打仗，寡人还有安稳的日子可享吗？此议决不可用。”

群臣哑言，这时要离却仗义直出，他指着吴王阖闾的鼻子，愤愤说：“大王侮臣是小，却不该对伍子胥不仁不义。伍子胥帮你夺取王位，又助你治国安邦，吴国方有今日的兴盛局面。大王曾言替他伐楚报仇，无故失信背约，大王何以面对天下？这样做，大王连一个信守承诺的百姓都不如，如何让人信服呢？”

吴王阖闾大怒色变，当即命令力士砍断了要离的右臂，将其打入死牢。要离的妻小也被吴王拘拿。几日后，伍子胥密令狱中看守放松对要离的看管，让要离乘机逃出。阖闾把要离的妻小杀死，焚尸于吴国的闹市，使这件事人人皆知。

要离逃出吴国，他一路赶奔卫国投靠庆忌。庆忌见了要离，听他哭诉之后，庆忌还是不肯相信他，他对心腹说：“阖闾恨我不死，谁知这是不是他主使的苦肉计呢？”庆忌的心腹说：“要离的右臂被砍掉，他历尽艰辛才逃出吴国，若说阖闾使计，可要离也不会自残自苦如此，大人不要疑心太重。”不久，庆忌的密探向他报告要离的妻小被杀之事，这使得庆忌疑虑顿消，他对心腹高兴地说：“肢体自残，要离或许可做到。可若是舍弃妻小性命，只为骗我信任，这就于理不通了，谁会这样残忍呢？”

庆忌于是视要离为心腹，让他为自己谋划归国大事。要离见自己和阖闾、伍子胥谋定的计策成功，于是趁热打铁，力劝庆忌及早发兵，夺回王位。庆忌对他言听计从，出动全部兵卒，顺江而下，向吴进军。

庆忌在指挥船上，要离手持长矛侍立其旁。庆忌指指点点，得意非凡，要离趁其不备，一矛刺透了庆忌的心窝。阖闾的心腹大患解除，吴国的局面最终安定下来。

在正常情况下，人不会自我伤害，若他受害必然是真情。利用这种常理，我们不妨以假作真，以真作假，那么苦肉计就可实行了。

虽然把自己的真实用心掩藏起来，有时要付出血的代价，但不作必要的牺牲，狡猾的对手就难以消除疑虑。采用这种办法欺骗敌人，在对手意想不到之处打动他，用最忠心的人也难以做到的事触动他，任何人都会失去理智的判断，也就是顺应着他那柔弱的性情而达到目的。

第五章

以心攻心，斗智斗勇

要赢，先在勇气上压倒对方

曾有这样一幅画面：一株纤弱的小树苗从巨石的缝隙中蜿蜒地爬出来，倔强地寻求一缕阳光。小树苗那股子精神真的很震撼人心。其实，真正的勇气不是压倒一切，而是不被一切压倒。

面对强大的敌人，面对重重阻挠和困难，退缩就意味着死亡，只有奋勇向前才能打破层层壁垒赢得最后的胜利。如果因为对手强大或者困难难以克服就气馁丧气，退缩求饶，没有勇气面对，那么小树苗将永远被埋在阴暗的石头缝里，见不到阳光，更看不到风雨之后的彩虹，最后慢慢地腐烂变质。

俄国著名作家屠格涅夫就曾经亲眼见过一只母麻雀为了保护自己的孩子战胜了一只凶狠的猎狗。饥饿的猎狗似乎嗅到了美味的食物，疯狂地朝两只麻雀跑过来，欲要将之一口吞下。母麻雀用翅膀护住小麻雀，扎煞起羽毛疯狂地扑腾，并拱起自己的背提起十二分精神跟恶狗对峙，一会儿尖叫，一会儿扑腾翅膀，一会儿凝神不动……每当猎狗扑上去的时候，母麻雀就突然变换姿态和声音，突然给猎狗一个惊吓，把猎犬吓得退回去，久而久之，猎狗终于疲劳和迷惑了，呆呆地望着到嘴边的肉却不敢咽下，只能悄悄地走开。就这样，在本不可能生还的情况下，母麻雀却凭借着自己的勇敢无畏战胜了比自己强大十几倍的猎狗保护了自己的孩子，最终化险为夷。

试想，在这场惊心动魄的战斗中，如果麻雀有一丁点退缩的心理，有一丁点松懈，就有可能葬送自己和孩子的生命。不可思议的奇迹的发生，就在于深深的母爱，母爱让老麻雀爆发出了惊人的潜力和勇气，爆发出了一种压倒一切，令对方害怕的霸气和不要命的傻气，震住了对方，赢得了胜利。

危急关头，“狭路相逢勇者胜”“明知不敌对手也要毅然亮剑”，这里没有退路，只有突破，才能站得住脚，谋得一席发展之地，所以，越是困难，越是强敌，我们越要勇于迎接挑战，在战斗中让自己更强大，在与狼搏斗中让自己的“爪牙”更锋利。

一个人只有经历了比别人更多的挫折，才能以一颗平常心来面对以后的挫折。我们在生活和工作中，拥有不被一切压倒、敢于迎难而上的勇气，要比拥有一帆风顺的运气更加可贵。

我们一定要有那种压倒一切对手的决心和信心，要有战胜一切困难去夺取最后胜利的勇气和霸气。当“狼群”在我们身边时，我们绝不能退缩，退缩将意味着死亡，意味着永远也难以站起来，难以见到胜利的阳光。我们也要把困难估计得更多一些，把挑战估计得更严峻一些，把对手估计得更强大一些，把自己的准备做得更充分一些，然后丢下包袱、轻装前进。

绵里藏针，柔中带刚

先说软的，可以在强敌面前取得进一步论辩的机会；再说硬的，就可以显示一些威胁的力量。软的为绵，硬的为针，是为绵里藏针。“绵里藏针法”的运用常常跟喂小孩子吃苦药的道理一样，要用糖衣包着药片，或者就着糖水送服，招数因人而异，窍门却一通百通。

春秋时期的晋灵公奢侈腐化。某年下令兴建一座九层高的楼台，群臣劝说，他火了，干脆又下了一道命令，将劝阻建九层台者斩首。这样一来便没人敢说话了。

只有一个叫孙息的大臣很讨灵公喜欢。他就告诉灵公说他能把九个棋子摞起来，上面还能再摞九个鸡蛋。灵公听了，觉得这事儿挺新鲜，立即要孙息露一手让他开开眼界。孙息也不推辞，就把九个棋子摞在一起，接着又小心翼翼地把鸡蛋往棋子上摞，放第一个，第二个孙息……自己紧张得满头大汗，战战兢兢，看的人也大气不敢出一口。如果孙息不能把鸡蛋摞好，就犯了欺君大罪，是会被杀头的。

这时，灵公也憋不住了，大叫：“危险！”孙息却从容不迫地说：“这算什么危险，还有比这更危险的事哩！”灵公也被勾起了好奇：“还有什么比这更危险？”

孙息便掂掂手中的鸡蛋，慢吞吞地说道：“建九层台就比这危险百倍。如此之高台三年难成，三年中要征用全国民工，使男不能耕，女不能织，老百姓没有收成，国家也穷困了。而国家穷困了，外国便会趁机打进来，大王您也就完了。你说这不比往棋子上摞鸡蛋更危险吗?”

灵公吓得出了一身冷汗，立即下令停工。

孙息让晋灵公看了场不成功的杂技表演，更受了一次形象生动的批评，那味道确实是又甜又苦。正在气头上的人，是难以与他正面争辩的，何况他还有无上的权威支持，那更是老虎屁股——摸不得。然而，“绵里藏针法”每每在这样的关键时刻，都能起到逆转乾坤的作用。

庄重显力量，风趣显风度。在论辩中做到既庄重又风趣，可以叫对方无力招架，自叹弗如。庄重为绵，风趣为针，是为绵里藏针。

有一次，一个美国记者同周恩来总理谈话时，看到桌上有一支美国派克钢笔，就带着几分讥讽的口气问：“请问总理阁下，你们堂堂中国人，为何还用我们美国的钢笔呢?”听出了他的言外之意，周总理庄重而又风趣地答道：“提起这支钢笔，话就长了，这是一位朝鲜朋友的抗美战利品，作为礼物赠送给我的。朋友说，留下做个纪念吧。我觉得有意义，就收下了贵国这支钢笔。”那个记者听后，露出一脸窘相，怔得半天也没有说出话来。

绵里藏针，话里藏话，总体上有两个基本功：

一是能够听出对方的弦外之音，恶毒之意，否则便会成为笑柄，白白赔了笑脸；

二是要委婉含蓄地表达自己，话要说得很艺术，让听话之人心领神会，明白你话中的锋芒所在。

故意透露虚假信息，蒙蔽对方

常言道："水至清则无鱼。"意思是说清澈的水潭里如果有鱼的话，早就被人用尽办法捞走了，其实做事情也一样，如果没有计谋，被人一眼看透，那么这件事的成败就可想而知了。所以做人应有城府，做事要有"心计"，要像狡兔那样有三个窟，这样才能在处处"险恶"的社会环境中生存下来。

"用假信息牵着对方鼻子走"一计，最早的使用者是古代兵家。在战争史上，向敌人透露假信息，而影响其决策，最终将其打败的例子不胜枚举。这里列出较为典型的战例：

南北朝混战时期，中国北方有东魏和西魏相互对峙。东魏大将段琛据兵于两国交界的宜阳（今河南宜阳西），派下属牛道恒招募西魏边民，以扩大自己，削弱西魏。牛道恒招募有方，使得大批西魏边民迁移到东魏来。西魏大将韦孝宽非常忧虑。后来，韦孝宽想出了一招"钓鼻计"。他先派人打入牛道恒的内部，获得了牛道恒手迹，又命令手下擅长书法的人模仿牛道恒笔迹，伪造出了一封牛道恒的信。信中写牛道恒对西魏如何向往，对韦孝宽如何崇拜，并表达了伺机投诚的心愿。信写好之后，故意抖落上一些灯灰在信上，以使得天衣无缝。然后利用间谍，把信转到了段琛的手中。段琛因此对牛道恒产生了怀疑，对他不再信任。这样一来，牛道恒对招募工作也就没劲了。

商场如战场，在这些没有硝烟的战争中，商人必须懂得

"伪""诈"之术，懂得巧放烟幕弹的道理。人生也是一样，在人生残酷的生存竞争中，也要像商人一样懂得运用计谋，让自己在这场"战争"中胜出。

事实上，在与他人交往或竞争的很多场合中，故意透露虚假信息，包括你下一步的计划、当前的境况或资源、优势与弱势，等等，这样蒙蔽对方，使其决策失误，往往能让你在不费很大力气的情况下便可制胜，可谓是一条锦囊妙计。

欲摘鲜花，先从绿叶开始

"想人之所想，急人之所急"总是能给人留下极佳的印象，并能同时获得料想中的、甚至远超出想象的人际交往成果。能将这种策略巧妙地运用于管理之中的领导，自然能得到更高的支持率。

家庭幸福和睦、生活宽松富裕无疑是下属干好工作的保障。如果下属家里出了事情，或者生活很拮据，上司却视而不见，那么对下属再好的赞美也无异于假惺惺。

利用对下属亲人的关心，可以使下属感到上司的平易近人和关心爱护，从而将企业当作自己的家。

日本的西浓运输公司，在企业内部设立了一个特殊的假日：日本公司员工的妻子过生日时，该员工可以享受带薪假一天，来陪伴他的太太共度诞辰。当然，员工本人生日，也有获带薪假一天的权利，让夫妻共度良日。近来，公司又规定：员工每年的结婚纪念日可以享受带薪假一天。自从有了这几个规定之后，职工们为感谢公司的关怀，都非常卖力地干活，而重要的是让员工的妻子认识到了这是一个能够理解人的、有人情味的公司。妻子们常常鼓励，甚至下令她们的先生："效忠公司，不得有误！"这比老板的命令更为有效。公司因此获益匪浅。

利用下属的家属做好下属的思想工作，比起上司亲自做工作省心多了，上司批评可能会产生抵触情绪，而自己的家人批评就会心平气和地接受。同时，关心下属的家属就会减轻下属的顾虑，使得下属以厂为家，能够更好地为企业效力。

据说有一天，一个急得嘴角起泡的青年找到美国钢铁大王卡耐基，说是妻子和儿子因为家乡房屋拆迁而失去了住处，要请假回家安排一下。因为当时业务很忙，人手较少，卡耐基不想放他走，就说了一通"个人的事再大也是小事，集体的事再小也是大事"之类的道理来安慰他，让他安心工作，不料这位青年被气哭了。他气愤地说："在你们眼里是小事，可在我这是天大的事。我妻儿都没住处了，你还让我安心工作？"卡耐基被这番话震住了。他立刻向这位下属道了歉，不但准了他的假，还亲自到这位青年家中去探望了一番。

关心下属疾苦，就是要站在下属的角度，急下属之所急，解决下属的后顾之忧，这个道理是适用于任何组织的。

一个优秀的上司，不仅要善于使用下属，更要善于通过替下属排忧解难来唤起他内在的工作主动性，要替他解决后顾之忧，让他的生活安稳下来，集中精力，全力以赴地投入到工作上。

反其道而行，让对方的努力等于零

《三十六计》中有一计叫“借尸还魂”，原意是说已经死亡的东西，又借助某种形式得以复活。当然，这里并非讲这些命理性的东西，用在商场上，是指利用、支配那些看上去没有作为的势力、一般什么用途的东西，来达到我方目的的策略。就像我欲“还魂”必须借助看似无用的“尸体”一样。我们要善于抓住一切机会，甚至是看上去没什么用处的东西，努力争取主动，壮大自己，即时利用而转不利为有利，乃至转败为胜。

这条计谋要求我们借助死去的人（也就是看上去无用的东西）与活着的人（也就是看上去有用的东西）较劲，似乎有悖常理，但这正是它的精髓所在，意在告诉人们要不走寻常路，独辟捷径。比如当对手纷纷抛弃老模式、旧思维和老技术，大力创新时，我们不妨反其道而行重新揣摩旧的思维、模式和技术，通过另辟捷径以反常方式来取得成功。

这种竞争手法最关键的是不按常理出牌，当对手都已经抛弃时，只有你在使用。当对手们蜂拥向独木桥时，你却乘着小舟；当对手们彼此你追我赶，向所谓的最新潮流追逐的时候，你却反方向而行……你的“唯一”往往是你战胜敌手的“利器”，因为对手下了很多功夫都是无用功。

在美国，电报业最兴盛之时，老范德比经营的西联电报公司处于垄断地位。老范德比去世之后，古尔德花100万美元开了一条新电报线路，成立了太平大西洋电报公司。小范德比意识到了古尔德对自己的威胁，决定收购太平大西洋电报公司，如此，就能使自己仍处于垄断地位。他马上派人与古尔德谈判，结果他以500万美元买下了太平大西洋电报公司，太平大西洋公司人员设备全部转入西联。艾克特是古尔德的挚交好友，因为有技术，进西联后，担任该公司的总工程师。小范德比对这一次成功的收购十分满意，他不仅扩大了实力，还引进了一员虎将。

过了一段时间，爱迪生又发明了四重发报机，使用这种发报机，效率要比原来提高一倍以上，如此一来，西联小范德比决定买下这项专利。他派艾克特与爱迪生谈判，让艾克特以低于5万美元的价格收买。他认为，这次他同样会稳操胜券，因为电报市场是他一人垄断着。然而，艾克特虽在西联担任总工程师，却是古尔德的内线，他及时地将进展告诉古尔德。有一天，古尔德请爱迪生来到他的家里，想以高薪聘请爱迪生去自己刚刚成立的美联电报公司。

爱迪生本是个科学家，根本不懂生意经，觉得美联比西联的条件优厚得多，也就答应了。现在，古尔德决定向小范德比摊牌，要挟小范德比说要撤走艾克特。失去了爱迪生的四重发报机，又失去艾克特，西联将会一片黑暗，无奈之下，小范德比只好同意美联与西联合并，由古尔德任总经理。

古尔德为了得到西联可谓费尽心机，直到老范德比去世，才能稍稍有所动作，成立太平大西洋公司。当然，当时电报公司是赚钱的，而古尔德却绝非想从电报的营业中赚钱，他得将西联电报公司赚到手，太平大西洋电报公司不过是他抛下的一个诱饵，小范德比果然上当。

此外，古尔德的另一个妙笔是将艾克特打进西联高层，从而使高级情报可以及时地传到古尔德的手里。所谓知己知彼，百战不殆。

此时古尔德对小范德比的作为一目了然，而小范德比却对古尔德一无所知，未加丝毫防范，本来唾手可得的四重发报机专利，却从眼皮底下被古尔德夺去。

古尔德得到了四重发报机的专利，此后他便可以实施他赚取西联公司的最后攻势了。要么撤走总工程师，要么合并，在此条件之下，小范德比只好俯首就范。合并公司，古尔德得到了他垂涎已久的西联。

《三十六计》中说："有用者，不可借；不能用者，求借。借不能用者而用之，'匪我求童蒙，童蒙求我'。"要在竞争中取胜，首先就要发挥自己的优势，要发挥优势就要求另辟蹊径。竞争之法无准则，取胜才是根本目的，使用反常方式，对手更易陷入措手不及的状态。

"上屋抽梯"，将他彻底打败

《孙子兵法》中讲："假之以便，唆之使前，断其援应，陷之死地。遇毒，位不当也。"意思是：借给敌人一些方便，以诱导敌人深入我方，乘机切断他的后援和前应，最终会置他于死地。

战国时期，天下群雄并立，诸侯争霸。在中原的鬼谷，有一个上知天文，下知地理，又懂兵法战阵的奇人——鬼谷子。

鬼谷子手下有两个得意弟子，一个是孙膑，另一个是庞涓。庞涓应魏国之邀，出山当了魏国的元帅，助魏王一臂之力争霸天下。当他们一同率军进攻楚国时，在方城与楚国军队一直相持不下，情况对魏国十分不利。

庞涓只好派谋士公孙阅请老师鬼谷子为其出一良策，鬼谷子将此事推于孙膑。孙膑便引用《孙子兵法》，向公孙阅献“上屋抽梯”之计：先引诱城内楚军出击，然后截断后路，消灭了楚军。庞涓用了此计，楚国果然大败并割城赔地……

上面这个故事中的“上屋抽梯”实例，其制胜的关键点就在成功地运用了先“甜”后“苦”的心理战术，诱使敌人进入自己控制的区域，然后封锁撤退路线，使敌人陷入不利局面，一举歼灭。梯子是预先设计好的圈套，为了方便敌方“上屋”而精心准备的通道，一旦敌人“上屋”，立即撤走梯子，断其后路，关门捉贼，使之陷入我方控制范围内。

在处理债务关系时运用此计能取得意想不到的效果，在经营活动中我们常常遇到债务人因为各种原因拖欠债权人的债迟迟不还，就像一个小品中演的那样，“黄世仁”和“杨白劳”的身份颠倒了，借钱的是“杨白劳”，给钱的却是“黄世仁”，借钱的以各种理由拖欠还款。给钱的打官司嘛，实在有碍情面和以后合作，所以只能暗暗叫苦，后悔借给个没信用的人。此时运用“上屋抽梯”，债权人中断同债务人的经济往来，断其财源，调取证据，卡住他的脖子，迫使债务人投诚于你，自觉偿还债务。当然，运用此计时，一定要注意法律界限的约束。现代市场经济是法制经济，任何经济行为都必须以不违反相应法律规定为界限。否则，即使是出于维护自身权益，不当的行为也会给自己带来难以估量的损失。

比如，因为没注意到外部环境的变化或限制，债权人会反被债务人追讨违约金或赔偿经济损失，是一种得不偿失的行为。

会使“上屋抽梯”之计，还要留心别人给自己设“上屋抽梯”的陷阱，如现代购房陷阱，为了促销，开发商常常吹嘘自己的楼盘环境是如何小桥流水，配套是如何齐备完善，优惠是如何让人流连忘返，不是“购房送豪华装修”就是“购房送高级家具”，反正开发商绝对不会脸红心跳。然而，现实果真如此吗？你相信天上会掉下个“林妹妹”吗？在开发商“连哄带骗”，还有点“挟天子以令诸侯”的手段下，你赶忙高兴地签下购房合同。但是等到交楼时，你却不由感慨真是“一桥飞架南北，天堑变通途”——祖国建设速度真是快，昨日的田园山居，今日的“牢房厚墙”，世事之无常，承诺之缥缈。原本的“诱惑条件”并没有写在合同里面，没有法律效力。所以，既然你“娶”了这栋房子，就不准跟它“离婚”，好媳妇、赖媳妇还是回家认栽吧！

此外会“抽梯”还要防止别人“抽”自己的“梯子”。因此，面对诱惑，千万不要轻易迈出步子，可能陷阱就在你脚下，不要贪图小便宜而让自己吃大亏，不要只念登高却忘了退路。

第六章

知晓方圆，精明生存

会绕圈子才能左右逢源

我国的传统文化，是很讲究绕圈子的。尤其是在旧中国的官场“伴君如伴虎”，不会“绕圈子”，就是很容易吃亏的角色，深谙此道的人才可能左右逢源。

汉元帝上台后，将著名的学者贡禹请到朝廷，征求他对国家大事的意见。这时朝廷最大的问题是外戚与宦官专权，正直的大臣难以在朝廷立足，对此，贡禹不置一词，他可不愿得罪那些权势人物。贡禹只给皇帝提了一条，即请皇帝注意节俭，将宫中众多宫女放掉一批，再少养一点马。其实，汉元帝这个人本来就很节俭，早在贡禹提意见之前已经将许多节俭的措施付诸实施了，其中就包括裁减宫中多余人员及减少御马，贡禹只不过将皇帝已经做过的事情再重复一遍，汉元帝自然乐于接受。于是，汉元帝便博得了纳谏的美名，而贡禹也达到了迎合皇帝的目的。

《资治通鉴》的作者司马光对贡禹的这种做法很不以为然，他批评说：“忠臣服侍君主，应该要求他去解决国家所面临的最困难的问题，其他较容易的问题也就迎刃而解了。应该补救他的缺点，他的优点不用说也会得到发挥。当汉元帝继位之初，向贡禹征求意见时，他应当先国家之所急，其他问题可以先放一放。就当时的形势而言，皇帝优柔寡断，谗佞之徒专权，是国家亟待解决的大问题，对此贡禹一字不提。恭谨节俭，是汉元帝的一贯心愿，贡禹却说个没完没了，这算什么？如果贡禹不了解国家的问题，他算不上什么贤者，如果知而不言，罪过就更大了。”

司马光可能忽视了，古代的帝王在继位之初或某些较为严重的政治关头，时常会下诏求谏，让下臣对朝政或他本人提意见，表现出一副弃旧图新、虚心纳谏的样子，其实这大多是一些故作姿态的表面文章。有一些实心眼的大臣十分认真，不知轻重地提一大堆意见，这时常招来嫉恨，埋下祸根，早晚会受到帝王的打击报复。但贡禹十分精明，他专拣君上能够解决、愿意解决，甚至正在着手解决的问题去提，而回避重大的、急需的、棘手的问题，这样避重就轻、避难从易、避大取小，既迎合了上意，又不得罪人，表明他“绕圈子”的技巧已经十分圆熟老到了。

相反，但凡那些喜欢直来直去，不会“绕圈子”的人，反倒会常常吃亏。

明代嘉靖年间，“给事官”李乐清正廉洁。有一次，他发现科考舞弊，立即写奏章给皇帝，皇帝对此事不予理睬。他又面奏，结果把皇帝惹火了。嘉靖以故意揭短罪，传旨在李乐的嘴巴上贴上封条，并规定谁也不准去揭。封了嘴巴，不能进食，就等于给他定了死罪。这时，旁边站出一个官员，走到李乐面前，不分青红皂白，大声责骂："君前多言，罪有应得！"一边大骂，一边叭叭地打了李乐两记耳光，当即把封条打破了。由于他是帮助皇帝责骂李乐，皇帝当然不好怪罪。其实此人是李乐的学生，在这关键时刻，他"曲"意逢迎，巧妙地救下了自己的老师。如果他不顾情势，犯颜"直"谏，非但救不了老师，自己怕也难脱连累。这个方法的使用真是巧妙至极。李乐不懂得人与人之间"润滑当先"的道理，比自己的学生还差了一大截。因为你针锋相对地进行争执和批驳，对方很难从内心真正接受，还可能使自己"惹祸上身"。因此，在表达和行事方式上学会一些绕圈子，效果就自然会好多了。

未出头时，要能而有度

能力太强，容易招人妒忌；处处出头，更容易受到打击。但做人做事又不能太过于仁弱，显得太无能也会危及自己的生存。特别是在个人力量没有达到强大之时，把握能而有度的方圆之道，实在很关键。

帝王在选择太子时心理是很矛盾的。太子仁弱一点吧，怕将来继位后缺乏驾驭众人的能力；太子贤明一点吧，又怕众望所归会危及自己。宋太宗见到自己的太子颇得人心，就曾酸溜溜地说："人心都归向太子，欲置我于何地？"皇帝既有这种心态，太子委实难处。不能不得人心，也不能太得人心；不能太不及父皇，也不能太胜过父皇，这中间的尺寸确实是很难把握的。

隋炀帝的儿子杨柬就因为把握不好这个度，而与父皇产生隔阂。

造成他们父子失和的主要有两件事。

第一件事是为了一个美女。有一次，乐平公主告诉炀帝，有个女子十分漂亮，但不知为什么炀帝听后无所表示。过了一段时间，乐平公主以为炀帝对此人不感兴趣，就把她推荐给了太子杨柬。杨柬马上把她纳入后宫。后来炀帝忽然记起这事，就问乐平公主："你上次说过的那个美人现在在哪呢？"乐平公主回答说："已经被太子收用。"

这件事本身是不能全怪杨柬，他不可能每得到一个美女都先请示一下父皇是否感兴趣。乐平公主是这件事的始作俑者，按理炀帝问起，她完全可以将始末和盘托出。但这样一来，就有可能引起炀帝对她的不满。所以，当炀帝再度问起这件事，她意识到自己捅了娄子，只好含糊地说一句"已经被太子收用"，似乎与自己无关。

第二件事是因为打猎。炀帝去狩猎，命令杨柬率领一伙侍从参加。狩猎的结果是杨柬猎获颇丰，而炀帝一无所得。炀帝龙颜大怒，认为自己在众人面前丢了面子。一问左右侍从，左右侍从害怕炀帝迁怒，推说是猎物被杨柬手下一伙人阻挡，所以打不到了。炀帝因此猜忌起杨柬来，认为他是为了想出风头，于是处处寻找杨柬的不是。

俗话说"欲加之罪，何患无辞"，何况太子本非圣人，结果太子的名号也就无法保留了。炀帝父子间从此结怨，直到后来宇文化及起来谋反，派人分别去囚禁、杀害炀帝父子时，炀帝还认为是杨柬派人来抓自己的，而杨柬也认为是炀帝派人来杀自己的，父子至死不能消除误会。

中庸之道无处不在。皇子要当上太子，继承王位，也要深谙此道。过于仁弱，力不服众，难以驾驭天下；过于贤明，众望所归，又危及皇帝的地位，使其持有戒心。因此，那至高无上的权力，太子只得隐忍自己，能而有度。

其实，我们在交际圈中又何尝不是呢?

如果对方很刚硬，你可运用柔的策略

人到老年时，柔软的舌头尚在，但坚硬的牙齿却脱落了，这是为什么呢？是因为柔软的东西比刚强的事物更有生命力啊！

商容疾据说是纣王时的大夫，因屡次直谏荒淫无道的纣王，结果遭到贬谪。后来纣王剖比干，囚箕子，逐微子，商容疾深感心寒，便躲进深山之中，避世隐居，不问世事。

武王灭亡商朝后，天下大定。周室表彰商容疾，想召他出山，被商容疾婉言谢绝。他遗世独立，静心养性，修得一副道骨仙颜，虽然年岁已过数百，仍然精神矍铄，面色如童。

到了春秋末年，老子降世，商容疾知道他不是平凡人物，便收他为弟子，传授他天地玄机，处事妙道，所以老子后来成为一代圣人。

据说有一次，商容疾得了重病，自知将不久于人世。老子匆匆赶来问候老师。他先询问了老师的病情，然后对老师说："先生的病确实很重了，有什么教导要嘱咐弟子的吗？"

商容疾说："乘车经过故乡的时候要下车，你知道这是为什么吗？"

老子说："过故乡而下车，大概是表示要不忘记故乡吧？"

商容疾说："对了！那么，经过高大的古树的时候，要快速地走过，你知道这是为什么吗？”

老子说：“经过高大的古树要快速地走过，这大概是说要尊敬德高望重的长者吧？”商容疾说：“是啊！”然后张开嘴给老子看，说：“我的舌头在吗？”

老子说：“在。”商容疾又说：“我的牙齿还在吗？”老子说：“不在了。”

商容疾说：“你知道这是什么道理吗？”

老子说：“舌存而齿亡，这不是说刚强的东西已经消亡了，而柔弱的东西还是存在吗？”

商容疾说：“说得好啊！天下的事理正是这样。弱而胜强，柔而克刚，世上没人不知，然而无人能行。你明白了吗？”

老子说：“先生说得太好了！天下之至柔，驰骋天下之至坚，确实是万世不易的定理。强大的东西处于劣势，柔弱的东西居于上风。积弱可以为强，积柔也就变成刚。欲刚必以柔守之，欲强必以弱保之。”

商容疾面露慰藉的笑容，说：“你已经得到大道了。天下之理都已被你说尽了，我还有什么需要留给你的呢！”

以柔克刚，以弱胜强，是道家守柔主静的动静观，这里面包含着朴素的辩证法。

无论对方是何类人，一定要记住“过犹不及”

有一次，孔子的弟子子贡在跟孔子谈论师兄弟们的性格及优劣时，忽然向孔子提了个问题：“先生，子张与子夏两人哪个更好些呢？”

子张是孙师，子夏是卜商，两人都是孔子的得意弟子。孔子想了一会儿，说："子张过头了，子夏没有达到标准。"

子贡接着说："是不是子张要好些呢？"

孔子说："过头了就像没有达到标准一样，都是没有掌握好分寸的表现。"这就是"过犹不及"的出处。

有一回，孔子带领弟子们在鲁桓公的庙堂里参观，看到一个特别容易倾斜翻倒的器物。孔子围着它转了好几圈，左看看，右看看，还用手摸摸、转动转动，却始终拿不准它究竟是干什么用的。于是，就问守庙的人："这是什么器物？"

守庙的人回答说："这大概是放在座位右边的器物。"孔子恍然大悟，说："我听说过这种器物。它什么也不装时就倾斜，装物适中就端端正正的，装满了就翻倒。君王把它当作自己最好的警戒物，所以总放在座位旁边。"

孔子忙回头对弟子说："把水倒进去，试验一下。"子路忙去取了水，慢慢地往里倒。刚倒一点儿水，它还是倾斜的；倒了适量的水，它就正立；装满水，松开手后，它又翻了，水都洒了出来。

孔子慨叹说："哎呀！我明白了，哪有装满了却不倒的东西呢！"子路走上前去，说："请问先生，有保持满而不倒的办法吗？"孔子不慌不忙地说道："聪明睿智，用愚笨来调节；功盖天下，用退让来调节；威猛无比，用怯弱来调节；富甲四海，用谦恭来调节。这就是损抑过分，达到适中状态的方法。"

子路听得连连点头，接着又刨根究底地问道："古时候的帝王除了在座位旁边放置这种器物警示自己外，还采取什么措施来防止自己的行为过火呢？"

孔子侃侃而谈道：“上天生了老百姓又定下他们的国君，让他治理老百姓，不让他们失去天性。有了国君又为他设置辅佐，让辅佐的人教导、保护他，不让他做事过分。因此，天子有公，诸侯有卿，卿设置侧室之官，大夫有副手，士人有朋友，平民、工、商，乃至干杂役的皂隶、放牛马的牧童，都有亲近的人，来相互辅佐。有功劳就奖赏，有错误就纠正，有患难就救援，有过失就更改。自天子以下，人各有父兄子弟，来观察、补救他的得失。太史记载史册，乐师写作诗歌，乐工诵读箴谏，大夫规劝开导，士传话，平民提建议，商人在市场上议论，各种工匠呈献技艺。各种身份的人用不同的方式进行劝谏，从而使国君不至于骑在老百姓头上任意妄为，放纵他的邪恶。”

子路穷追不舍地问：“先生，您能不能举出个具体的君主来？”

孔子回答道：“好啊，卫武公就是个典型人物。他九十五岁时，还下令全国说：‘从卿以下的各级官吏，只要是拿着国家的俸禄、正在官位上的，就不要认为我昏庸老朽就丢开我不管，一定要不断地训诫、开导我。我乘车时，护卫在旁边的警卫人员应规劝我；我在朝堂上时，应让我看前代的典章制度；我伏案工作时，应设置座右铭来提醒我；我在寝宫休息时，左右侍从应告诫我；我处理政务时，应有瞽、史之类的人开导我；我闲居无事时，应让我听听百工的讽谏。’他时常用这些话来警策自己，使自己的言行不至于走极端。”

众弟子听罢，一个个面露喜悦之色。他们从孔子的话中明白了一个道理：在任何情况下，人们都要调节自己，使自己的一言一行合乎标准，不过分，也不要达不到标准。

中庸，在孔子和整个儒家学派里，既是很高深的学问，又是很高深的修养。追求恰到好处、适可而止，这是做人处事的一种境界，一种哲学观念。比如吃饭，餐餐最好吃到恰到好处，每顿饭不要因饭菜不好而饿肚子，也不要因饭菜特好而把肚皮撑得鼓鼓的，适可而止，就永远保持健康的胃口。

值得说明的是，孔子讲的中庸，绝不是无谓的折中、调和或没有立场，而是指为人处世应该慎重选择一种角度，一种智慧。有些人认为孔子讲的中庸就是不讲原则，那是对“中庸”思想的误解，其本质是过犹不及、适可而止，这也正是我们游刃于人脉之间的一条重要法则。

辉煌时转身，保命亦留名

春光虽好，但总有尽时。人生也是如此，每个人都会有坦途与困境，所谓“人无千日好，花无百日红”。卸磨杀驴、鸟尽弓藏，似乎成了统治者默认的一条潜规则。身处社会的我们，也要学会洞察其中的利害，在树大招风之前急流勇退，才能保护自己。

“功成身退”的思想，对今天的许多人来讲已经不太灵验。它会使人失去积极的进取心，从而满足于现状，当一天和尚撞一天钟，这是其糟粕之处。事实上，这里提出的“功成身退”仅是一种退守策略，是指一个人能把握住机会隐退，是一种做人的智慧。

越王勾践平定吴国以后，引兵北上，与齐国、晋国会盟徐州，并且得到周平王的封赏，一时号称霸王。

范蠡虽然是越国的上将军，辅佐越王勾践二十余年，对勾践的雪耻复国屡建奇功，为越王坐上霸主之位立下了汗马功劳，可是他仍然心事重重。

一天，大夫文种问他："眼下越国威震天下，号称霸王，你我官至上卿，功名盖世，为何闷闷不乐？"

范蠡苦笑着说："俗语道：'飞鸟尽，良弓藏；狡兔死，走狗烹。'盛名之下，难于久居；人不知止，其祸必生。勾践可与共患难，难与同安乐，这样的君主岂能轻信？我已决定离开勾践，你也该想想出路了。"

大夫文种却对范蠡的忧虑毫不在意，说笑了一阵走开了。第二天，范蠡给越王勾践送上一份辞呈，说："臣闻主忧臣劳，主辱臣死。昔者君王受辱于会稽，臣所以不死，为的是复仇雪耻。今日君王已经达到目的，臣请君王赐死……"勾践读罢辞呈，气恼地说："难道范蠡不相信寡人？我打算将越国分一半给他，他若是真生疑心，我真要加诛于他！"范蠡心知勾践对自己并非真心实意，早晚要加罪于他，于是偷偷带上宝物珠玉，与心腹亲信乘船从海路逃走了。范蠡在齐国海边落脚之后，改名换姓，自称鸱夷子皮，耕种滩涂，劳身苦作，治理产业，没几年工夫就成了当地的首富。齐国大夫听说他的贤名和才能，派人请他去做齐国的相国，可是他谢绝了。范蠡喟然长叹道："居家则致千金，居官则至卿相，此乃布衣之极也。久受尊名不祥……"范蠡不去当相国，便不宜在此处久居。于是，他又把家财分给知友、乡亲，只带些值钱的珠宝，迁移到陶地，自称为陶朱公。不久，他又成为当地的富豪，家资巨万，远近闻名。

自从范蠡不辞而别以后，大夫文种很觉孤单，又见勾践日夜享乐，不像从前那样敬重自己，有点心灰意懒，常常称病不朝。于是有人向勾践进谗言说："大夫文种自恃有功，倨傲不朝，背地里勾结私党，企图叛乱……"

越王勾践于是赐一把宝剑给文种，命令道："你教寡人七种计谋征服吴国，寡人只用了其中三种就打败了吴国。还有四种计谋留在你那儿，我命令你去替我死去的先王谋划吧……"大夫文种悔恨地说："这都怪我不听范蠡的劝告啊……"说完，文种便用宝剑了结了自己的生命。伴君如伴虎，自古以来就有"功高盖主""兔死狗烹"的说法。所以作为一代功臣，不应只会谋国，还应懂得谋身。像文种那样功成身不退，只落得个身首异处；而范蠡则当退就退，成就了一代大富豪。因此，身处社会，为人应该以此为戒，学会在适当的时候远离祸乱的中心，才是最安全的退路，毕竟急流勇退，也不失英雄本色。

正如老子所言："金玉满堂，莫之能守；富贵而骄，自遗其咎。功成身退，天之道。"一切皆达圆满之境时，便应思身退之道。这是明智者的聪慧抉择，唯此方能免遭鸟尽弓藏、兔死狗烹的悲惨命运。

说出来的永远都要少于需要说的

当你想用言辞来给人们留下深刻印象的时候，你说得越多，你这个人看起来就越是平淡无奇，你所能控制的也就越少，而且说出更多愚蠢的话的可能性也就越大。如果你能把话说得隐晦一点，神秘一些，多给人留一点遐想，那么即使你是老调重弹，别人也会觉得你的见解独到。正如那些有权力的人，他们总是说得很少，但给人的印象却很深刻，而且总是能威慑到别人。

就拿大家熟悉的“刘罗锅”来说。人们脑海里立刻出现了一个聪明机智、正直勇敢、不失几分幽默的人物形象。刘墉靠着他的正直和聪明周旋于危机重重的封建官场，左右逢源，游刃有余。

刘墉也曾遭遇重大转折，受到乾隆皇帝的申斥，本该获授的大学士一职也旁落他人。究其原因，不过是刘墉守口不密、说话不周，酿成了祸患。一次乾隆谈到一位老臣去留的问题，说若老臣要求退休回籍，乾隆也不忍心不答应。刘墉便将这话泄露给了老臣，而老臣真的面圣请辞。乾隆大为恼火，认为这是刘墉觊觎补授大学士的明证，是“谋官”的明证，因而训斥一通，将大学士一职改授他人。

言语谨慎对于一个人立身、处世具有很重要的意义。常言道，病从口入，祸从口出。就是说，疾病往往是因为饮食不慎而引起，祸患则因为言语不慎而招致。处世戒多言，言多必失。与世人相处切忌多说话，说话太多必然有失误。莫言闲话是闲话，往往事从闲话来；是非只为多开口，烦恼皆因强出头。

所以，请一定要记住：你说出来的永远都要少于需要说的。只讲表面现象，不作实质结论。“千呼万唤始出来，犹抱琵琶半遮面”。吞吞吐吐，似有难言之隐；似隐却露，故作弦外之音。关键性的内容言者并不明言，却有意做出强烈的暗示，使闻者不难从中领悟辨识话中之“话”、弦外之“音”，自行得出合乎逻辑的结论。

此种手段的“妙处”在于：言者未曾明言，便可不承担明言的责任；言者未作结论，便无强加于人之嫌；然而言者所要表达的关键内容却尽为闻者所知，其目的已然达到。善奏弦外之音的人比那些凡事喜欢大鸣大放、夸夸其谈的人要高明得多。

唐玄宗在位期间，曾发生了一场废立太子之争。受宠的武惠妃极力构陷太子李成，企图以自己的亲生儿子取而代之。唐玄宗听信了谗言，召集宰相会议，打算废掉太子。正直的宰相张九龄，从稳定政局和维护礼法的角度出发，公开反对更储，并明确表示："陛下必欲为此，臣不敢奉诏。"同时在位的奸相李林甫，却另有一番表现。他当众"无所言"，不发表任何意见，退朝之后却暗地里通过宦官转告玄宗说："此主上家事，何必问外人？"此番话虽然没有直接针对更储问题做出明确的表态，但其所暗示的弦外之音却是十分明显的：既间接表明了李林甫迎合玄宗和武惠妃赞同废掉太子的态度，同时又影射攻击了政敌张九龄"干预"君主的"家事"。

李林甫不愧"奸诈"二字。我们虽不提倡这种卑鄙歹毒的处世方针，却可以学学"弦外之音"的说话艺术。

如果你想给别人留下很深的印象，少说话往往比喋喋不休更有分量。在职场上，许多工于心计的老手最精通"话说一半，点到为止"的精要。这不仅能够掩藏自己的真实意图，还能为自己留有事后自我辩解的余地，从而为自己保留一条后退抽身之路。

说话是一门艺术。聪明人善用而不滥用这门艺术，往往利用最简洁的语言，传达自己的意思，也能给别人留下最深刻的印象，产生最理想的效果。

1903年12月17日，是人类第一次驾驶飞机离开地面的日子。

美国发明家莱特兄弟完成了这一历史使命之后，便开始到欧洲旅行。

在法国的一个欢迎宴会上，各界名流庆祝莱特兄弟的成功，并希望他俩给大家讲话，再三推托之后，莱特兄弟中的一个只得走向讲台。

他的演讲只有一句话："据我所知，鸟类中会说话的只有鹦鹉，而它是飞不高的。"这句精彩的话，博得全场热烈的掌声。

莱特兄弟可以详尽地介绍自己科学发明的经过，也可以谈论科学家的实干精神，但他们只用这一句话道出了人类智慧的伟大之处，能给听众留下了十分深刻的印象。

在以上的这些事例中，我们看到了几个说话简洁有力的典范。说得多不一定有用，说得少，说得精，才能提升你的语言分量，提高你的语言技术。

如果你想要成为语言高手，必须进行一项练习：表述清楚，用语简洁。在日常的表达中，如果连自己都不是非常明确问题的概念，当然不可能被对方领会和接受。

说话不同于写文章，文章写好之后，可以字斟句酌，可以删改。而说话要紧扣一个中心，才能有针对性。同时，讲话要做到条理分明，先说什么，后讲什么，要有一个顺序。

下 篇

见微知著，掌握心理密码

第一章

察言观色的心理策略

从衣服的选择来判断人的个性特征

一般来说，喜欢穿简单朴素衣服的人，性格比较沉着、稳重，为人比较真诚和热情。这种人在工作、学习和生活当中，对任何一件事情都比较诚实、肯干，勤奋好学，而且还能够做到客观和理智。但是如果过分朴素就不太好了，这种情况表明人缺乏主体意识，软弱而容易屈服于别人。

喜欢穿单一色调衣服的人，这种人是比较正直、刚强的，理性思维要优于感性思维。

喜欢穿淡色衣服的人，性格大多比较活泼、健谈，并且喜欢结交朋友。

喜欢穿深色衣服的人，性格十分稳重，显得城府很深，一般比较沉默，凡事深谋远虑，常会有一些意外之举，让人捉摸不定。

喜欢穿样式繁杂、五颜六色、花里胡哨衣服的人，多是虚荣心比较强、爱表现自己而又乐于炫耀的人，他们任性，甚至还有些飞扬跋扈。

喜欢穿过于华丽衣服的人，多为具有很强的虚荣心和自我显示欲、金钱欲的人。

喜欢穿流行时装衣服的人，最大的特点就是没有自己的主见，不知道自己有什么样的审美观，他们大多都情绪不稳定，且无法安分守己。

喜欢根据自己的嗜好选择服装而不跟着流行走的人，一般是独立性比较强、有果断决策力的人。

喜爱穿同一款式衣服的人，性格大多比较直率和爽朗，他们有很强的自信心，爱憎、是非、对错往往都十分明确。他们的优点是行事果断，显得十分干脆利落，言必信，行必果。同时他们也有缺点，那就是清高自傲，自我意识比较强，常常自以为是。

喜欢穿短袖衬衫的人，他们的性格是放荡不羁的，但为人却十分随和、亲切。他们热衷于享受，凡事率性而为，不墨守成规，喜欢有所创新和突破，自主意识比较强，常常是以个人的好恶来评判一切。他们虽然看起来有点表里不一，但实际上他们的心思还是比较缜密的，而且什么时候都知道自己是做什么的，所以他们能够做到三思而后行，小心谨慎，不至于任性妄为，而做出错事来。

从服装颜色的选择看透对方

服装在人们的日常生活中占有十分重要的地位，穿着打扮不仅能反映一个人的修养、职业，同时也反映其个性与心理。心理学家从服装的颜色、款式等选择上，分析了人的不同个性与心理。

一般来说，在选择服装色彩的时候，人们多少会受到自己性格的影响。因为，每个人服装的色彩，总是和自己当时的心理活动状态有着一定的联系。所以，从每个人所喜爱的颜色上可多少看出他具有什么样的性格特征。

1. 喜欢穿白衬衫的人

喜欢穿白衬衫的人，他们的性格特征是缺乏主动性、判断力、羞耻之心。他们在色彩感觉上、在装扮上都非常优秀；与之相反，不论搭配什么服装，只要穿上白衬衫都能相得益彰。白色确实与任何颜色的衣服都能搭配组合，同时，白色是表示干净的颜色。

虽然白色与任何颜色都能搭配，也能给人一种亲切感，但常穿白衬衫的人，也给人一种“穿什么都可以”的感觉，在性格方面是属于直爽派的。从事穿白衬衫职业的，例如裁判官、医生、护士、机关的职员等，当你看到对方的第一印象都是缺乏感性，尤其在感情方面和爱情方面。

2. 喜欢蓝色、蓝紫色服装的人

喜欢穿这种颜色服装的人，其性格主要缺乏决断力、实行力。这类人说话比较啰唆，缺乏羞耻心和责任感，是自尊心很强的人。要想接近喜欢这类色彩服装的人，应逐渐按部就班，并投其所好。同时在这种人面前不能说别人的坏话。

3. 喜欢穿黑色服装的人

有的人说，穿黑色衣服使人精神紧张，黑色服装也是在丧葬及祭祀的仪式中穿着的服装。通常喜欢红白明显色彩的人，同时也喜欢黑色系统的服装。

4. 喜欢青绿色服装的人

这类人是在喜欢有细腻感觉的心理状态下选择的。

5. 喜欢紫色服装的人

这种人一般具有保持神秘、自我满足的艺术家的气质，喜欢别出心裁。

6. 喜欢褐色服装的人

这类人在选择褐色服装时，当时的心理状态很踏实。

7. 喜欢黄绿色服装的人

这类人是在缺乏兴趣、交际狭窄、缺乏细腻心情时选择的。

8. 喜欢灰色服装的人

这种人是在缺乏主动性的时候，自己没有勇气面对困难的心理状态下所选择的服饰颜色。

9. 喜欢浊紫红色、暗褐服装的人

这种人是在非社交场合的时候、不喜欢表露心情的时候，所选择这样颜色衣服的。

10. 喜欢橄榄色服装的人

这种人在选择橄榄色时，当时的心理状态一般是处于被抑制的状态或歇斯底里的状态。

11. 喜欢绿色服装的人

这种人一般喜欢自由，有宽大的胸怀，绿色是其在抱有希望、没有偏见的心理状态下选择的。

12. 喜欢橙色服装的人

一般是在无法独居时，对人生意欲强烈的时候所选择的服装颜色，这种人雄辩、开朗、口才好，并喜欢幽默。

13. 喜欢黄色服装的人

这种人为使别人感觉自己有智慧、有纯粹高洁心灵时，选择黄颜色的服装。

自然与时尚，个性的保守与开放

女性在约会的时候，或是工作上有重要提案要进行的时候，化的妆应该比平常要浓，可以说是充满干劲的“决胜负彩妆”。根据心理学家研究，化比平常浓的彩妆，会提高自信心与满足感，变得活跃、具有攻击性，也变得较具社交性。决胜负彩妆似乎真的具有效果，不过，奇怪的是，化这种妆同时也会变得情绪不安，这是因为“和平常的自己不同”。

最容易影响别人印象的是脸孔，而眼睛扮演了尤其重要的角色，唇部也会给人十分深刻的印象。

眼睛给人家的印象取决于眉形与眼线。眉毛描绘成细细的弧形，再画鲜明的眼线，就会给人一种华丽的感觉，在漂亮气派的餐厅里约会时很适合化这种妆。口红使用玫瑰色系的，上唇唇山的部分仔细描绘出锐角，会更加强华丽的印象。

平直上扬的眉形，以深色醒目的眼线，配上强调唇线的深红色的唇，会给人意志极为坚强的印象。不是华丽，而是利落感，给人一种强烈的积极感与坚决强硬的态度。这种强硬感的化妆，在提案会议、做报告或发表意见时，可以做你的后盾。即使实际上自己是很紧张的，也能隐藏住这种情绪，不论是在言语或动作上，都能让你看起来充满自信。

眉尖自然往上扬，但尾端却突然往下的眉形，营造出俏丽可爱的感觉。画上淡淡的眼线，口红涂得比实际的嘴唇轮廓大一些，然后再迅速地回眸一笑，就能给人魅力十足的女性印象。跟喜欢的男性朋友约会时，很适合化这种妆。在看似冷淡的气氛中，偶尔散发出带点俏皮的性感，就是最完美的表现了。

从女性头发的质地与发型观察她

在T台上，大家时常可以看到运动员各种各样稀奇古怪的头发，并为此津津乐道。不同的发型往往表现出人的不同个性。

女士的头发与男士相比，女士的发型若要详细分析起来，则显得较为复杂。女性若留着飘逸的披肩发，则说明她比较清纯、浪漫；若留的是齐眉的短发，则这类人显得天真活泼、无忧无虑；烫成满头卷发，代表这个人较有青春的活力，或多或少地充满些野性。

女性把头发梳得很整齐，并让它保持顺其自然的状态，说明这个人比较安分守己，甚至是封闭保守的；如果她把头发打理得很整齐，但并不追求某种流行的款式，则表明她可能是比较含蓄，但有较强烈的自主意识的一个人。在自己的发型上投入很多的精力，力争达到尽善尽美的程度，说明这是一个自尊心比较强、追求完美、爱挑剔的人。除此之外，我们还可以通过头发质地看出一个人的性格特点。

（1）头发像钢丝，又粗又硬，而且浓密。这样的人疑心多且重，不会轻而易举地相信别人。她们最信任的就是自己，所以凡事都要自己动手，操纵和掌握一切，才觉得放心。她们做事很有魅力，而且组织能力也比较强，具有一定的领导才能。这一类型的人，理性的成分要大大地多于感性，所以遇到涉及感情方面的问题时，往往会显得十分笨拙。

（2）头发很粗，但色泽很淡，很稀疏，而且质地坚硬。这一类型的人自我意识极强，刚愎自用，往往不听别人的劝告。她们不甘心被人领导，但却渴望能够驾驭别人。她们大多比较自私，缺乏容人的度量。但这一类型的人，一般来说头脑还算比较聪明，可是她们的目光又比较短浅和狭窄，只专注于眼前，看不到长远的利益，所以多不会有多大的成就。

（3）头发柔软，却又稀疏。这一类型的人，自我表现欲望一般来说比较强，她们喜欢出风头，更爱与人辩论，以吸引他人的注意，获得他人的关注。在她们的性格中，自负的成分占了很多，她们妄自尊大，很少把他人放在眼里，尽管自己在某些方面表现得的确很糟糕。她们做事的时候，缺少必要的思考，所以常会做出错误的判断，而且还容易疏忽和健忘。

（4）头发浓密粗硬，却自然下垂。这种人从外形上来看，多半身体比较胖，而且也显得比较慵懒，不喜欢运动，但是她们的心思多比较缜密，往往能够观察到特别细微的地方。她们的感情较为丰富，易动情，对感情不专一。

奇妙多变的眼神：眼睛中的真实含义

孟子曾说过："观其眸子，人焉哉！"意思就是说：想要观察一个人，就要从观察他的眼睛开始。因为眼睛是人的心灵之窗，所以，一个人的想法经常会从眼神中流露出来，好坏是不容易隐藏的。譬如：天真无邪的孩子，目光必然清澈明亮；而利欲熏心的人，则很难掩饰他眼中的浑浊不正。

在人们交谈的过程中，如果对方不时地把目光移向近处，则表示他对你的谈话内容不感兴趣或另有所想，正在计划另一件事情。相反地，如果对方的眼神上下左右不停地转动，无法安定下来时，可能是因内心害怕而说谎，通常都有难言之隐，也许是为了不失去朋友的信任，而对某些事情的真相有所隐瞒。

和异性视线相遇时故意避开，表示关切对方或对对方有意；眼睛滴溜溜地转个不停的人，体现了意志力不坚强，容易遭人引诱而见异思迁。

眼光流露不屑的人，显示其想表达敌视或拒绝的意思；眼神冷峻逼人，说明他对人并不信任，心理处于戒备状态。

没有表情的眼神，说明这个人心中愤愤不平或内心有所不满；交谈时对方根本不看你，可以视为对方对你不感兴趣或是不愿意亲近你。

想要成功地了解一个人，第一件事就是要看穿他的心。只有这样才能分清哪些人是值得亲近的，或应该采取什么样的方式去远离他们。要想看穿别人的心，其实并不难。因为再高明的人也会在不知不觉中把自己内心的感情、想法暴露出来，只不过暴露的程度、方式与普通人有些区别而已。善良淳朴的人，一般而言，眼神大都坦荡、安详；狭隘自私的人，眼神一般都狡猾、昏暗；不恋富贵、不畏权势的人，眼神一般都刚直、坚强；见异思迁、见风使舵的人，眼神一般都游移、飘忽。

从眼神窥视对方的动机

眼睛是心灵的窗户，它会毫不掩饰地表现出你的性格、学识、情操、趣味和品性。心胸坦荡、为人正直者，其目光明澈、坦诚。心胸狭窄、为人虚伪者，眼神狡黠、阴晦。目光执着的人，志怀高远；眼神浮动者，为人轻薄。眼神内敛，表明自私；目光暴露，表明贪婪。自信者，眼神坚毅、深邃；自卑者，眼神晦暗、迷离。

使用眼睛的不同方式，还会泄露一些个人不同的心底秘密。

（1）一直盯着对方的眼睛，心中定是另有隐情。

（2）在谈话中注视对方，表示其说话内容为自己所强调，希望听者能及时做出回应。

（3）初次见面先移开视线者，多想处于优势地位，争强好胜。

（4）被对方注视时，便立即移开目光者，是一种自卑的表现。

（5）看异性一眼后，便故意转移目光者，表示对对方有着强烈的兴趣。

（6）喜欢斜眼看对方者，表示对对方怀有兴趣，却又不想让对方识破。

（7）抬眼看人时，表示对对方怀有尊敬和信赖之心。

（8）俯视对方者，欲表现出对对方的一种威严。

（9）视线不集中于对方，目光转移迅速者，这种人性格内向。

（10）视线左右晃动不停，表示他正在冥思苦想。

（11）视界大幅度扩大，视线方向剧烈变化时，表现此人心中不安或有害怕的心理。

（12）在谈话时，如果目光突然转移向下，表示此人已进入沉思状态。

（13）尽管视线在不停地移动，但当出现有规律的眨眼时，表现出思考已有了头绪。

眼睛的动作多种多样、千变万化：有拒绝眼神交流的动作；有各种不客气地看对方的动作；有兴趣极浓的人不断地扫视；也有心怀戒备的凝视；甚至还有用仇恨的目光来毫无约束地诅咒别人。

在被别人注意时，如果不加理睬就使自己变成了一个纯粹的被观察目标。一旦双目对视，观察者和被观察者就都完全变成活生生的人了，就不能再像看一件物体一样去凝视不止。如果看别人并非凝视不动，而是看一会儿后目光就移开，是在维护别人的独立权。然而在斥责时，眼睛动作就一反常态了，双眼逼视对方，对方却避而不看责骂人。如果目视责骂人，就表示反抗或挑战。

对某人凝视不止，是将人“非人格化”，这种凝视或许有时是允许的。例如，在剧场和演讲厅，演员和演说家愿意自己在表演或演说时，使自己失去自我感，只让别人把自己当成抽象的人去观察，这样可以避免一些紧张；服务人员都回避直愣愣地凝视顾客，因为他们一旦留心观察顾客时，就不再将顾客只当作服务对象对待了。眼神也可能变成指点，如果有人从他的餐桌上看看你，然后又看看你的脚，那么他的眼睛就是在指责你，你的脚的动作引起了他的不满，叫你注意。这一指点动作，中外是相同的。唯一差别的只是中国人的这一指点动作要比西方国家的人多。

凝视的方法

凝视作为一种无声的语言，一旦运用不好往往会事与愿违。所以，在使用这一特殊“体语”时，应注意下面几个事项。

（1）和对方对准视线。无论是何种方式的凝视，都应和对方对准视线，切不可将眼神游来荡去，或是将头转向一方，这会让对方觉得你在有意避开他。如此一来，双方的交谈极有可能会不欢而散。

（2）焦点放在对方的脸部。一般来说，与对方进行凝视时，应将注视的焦点集中在对方脸和下巴之间的区域，这会让对方感觉很轻松、自在。虽然我们平常强调与别人进行谈话时，应该注视着对方的眼睛，但如果长时间盯着对方的眼睛看，肯定会让对方感到很紧张和不舒服。

（3）不要长时间将目光凝聚在对方某一部位。很多人在凝视对方时，最易长时间盯住别人某一部位，这其实是不礼貌的。此外，有研究证实，凝视时间超过10秒钟以上时，双方之间极有可能会产生不安的气氛。所以，在凝视别人，尤其是男性凝视女性的时候，眼睛不应该静止在某一部位，而应缓慢而适度地移动着。

（4）视线不能突然很快移开。在很多较为高级的场合中，如果一个人凝视着对方的时候，被凝视的一方慌慌张张地把视线转移到一边，这往往会让对方觉得你是一个胆怯、懦弱的人。所以，不管身处何种场合，与别人视线相触时，最好不要突然很快移开，而应缓慢而从容地把自己的目光转向一旁，如果你不想和对方进行凝视的话。

男女眼神的差异

究竟是女性解读眼睛信息的能力强，还是男性解读眼睛信息的能力强，心理学家对这一问题一直存在争议。近年来，美国心理学家布莱德的一项实验证明，女性解读眼睛信息的能力比男性更胜一筹。

在实验中，布莱德让参加试验的100名男女（男女各占一半）去看一些仅能看见人物眼睛的照片，并要求他们通过人物的眼神去揣摩照片中人物的情绪状态。让这100名参加试验的男女观看了各自手中照片大约10分钟后，布莱德要求他们把揣摩的人物的情绪状态写在纸上。结果和布莱德预想的几乎完全一致，在50名男性中，仅有15人猜对了他们手中人物的情绪状态，而在50名女性中，仅有15人猜错了她们手中人物的情绪状态。随后，布莱德又挑选了不同的人群做了近10次这样的试验，其结果和第一次完全一样。这就表明，女性解读眼睛信息的能力的确比男性更胜一筹。

有趣的是，各国科学家至今仍然没有弄明白人们是如何通过眼睛来解读或发出各种信息的，他们仅仅知道我们有这种能力。同时，布莱德通过试验还发现，在男性当中，性格内向，或是有自闭倾向的人，他们不仅在解读眼睛信息方面比一般男性差，即使在解读其他身体语言方面，也会比一般男性差一大截。这可能就是那些性格内向或是患有自闭症的人很难建立和谐人际关系的原因之一。

1. 女性的眼白比男性多

因为身体语言比口头语言更接近于人类的本能，所以心理学家在从事相关研究时，喜欢用灵长类的动物，如黑猩猩、猿猴等作对比试验，对人类眼神的研究也不例外。

通过对比，科学家发现，借助眼白人们就可以很方便地观察到对方的视线，并猜测到他的心理变化。因为一个人的视线的移动和变化是和他的心情密切相关的。与男性相比，女性的更善于借助身体语言表情达意，其结果就是女性的眼白要比男性更多。不仅运用身体语言的能力，女性在解读诸如眼神之类的身体语言、阅读他人情绪的能力方面也同样强于男性。

猿类没有眼白，它们的眼睛完全是黑色的。当猿类捕猎时，猎物根本无从察知猿的视线，也无法知道自己是不是已经被猿发现了。这样，猿就能够轻松地捕获猎物。与猿类似，男人的眼白较少，可能与他们需要掩饰自己动机的心理有关。

2. 变大的眼睛和变小的眼睛

当一只黑猩猩受到外界刺激而生气或是准备攻击对方时，它的眉毛会自动降低，同时瞳孔缩小、眼睛变小，表现出一副气势汹汹的样子。反之，当一只黑猩猩忽然得到一大串香蕉或是准备与同类友好相处时，它的眉毛会自动上扬，同时瞳孔扩大、眼睛变大，表现出一副友好、顺从的样子。

人类也同黑猩猩一样，当我们感到生气或是想控制、威胁对方时，就会眉毛降低，瞳孔缩小、眼睛变小，表现出一副无比威严的样子。反之，当我们感到高兴或是想与对方建立友好关系时，就会眉毛上扬，同时瞳孔扩大、眼睛变大，表现出温柔、顺从的样子。

由此，我们也就明白了很多女性在与别人，尤其是与异性，进行眼神交流时总是喜欢扬起自己的眉毛和眼皮的原因。她们之所以要这样做，就在于此举能使她们的瞳孔扩大、眼睛变大，从而显示出可爱而又让人“可怜”的“娃娃脸”。一般来说，此种表情对男性具有很大的吸引力。相比于其他表情，它也更能增添女性的温柔和美丽。所以，很多女性在为自己化妆时，总喜欢把眉形增高，以便使自己的眼睛看起来更大，显得更加可爱、温柔，从而吸引更多男性的“眼球”。与女性故意将眉形增高相反，男性如果要修眉，他们通常会把眉形降低，以便使自己的眼睛看起来较小，显得精神十足，从而给别人一种震撼力和威慑感，尽显男子汉的魅力。

3. 怎样使男人欲火中烧

被誉为性感女神玛丽莲·梦露有一幅经典的照片——眼皮低垂，眉毛扬起，双目迷离往上看，精致红润的唇稍微张开。这幅照片打动了无数男人，这种姿势令无数男人为之痴迷。为什么这种姿势能激起男人兴趣，其秘密何在呢？不少行为学家对此进行了深入研究。他们发现，女性这样做，能够使眼皮和眉毛之间的距离最大化，能够使她看上去更具有神秘感。同时还发现，许多女人在性高潮即将到来的时候，就会不自觉地做出这种表情。

几个世纪以来，许多聪明的女性就发现了这个秘密，她们不断运用这种姿态吸引男性，向他们传递性暗号。

点睛之笔：从眉毛观察对手

人的眉毛无疑可以展现心情的变化。过去曾有人认为，它们主要的功用是防止汗水和雨水滴进眼睛里。眉毛除了有这种功能，更重要的还与表情有关。每当我们的心情有所改变时，眉毛的形状也会跟着改变，而产生许多不同的重要信号，主要有以下几种。

1. 低眉

低眉是受到侵略时的表情，防护性的低眉则只是要保护眼睛，免受外界的伤害。在遭遇危险时，光是低眉仍不够保护眼睛，还得将眼睛下面的面颊往上挤，以尽最大可能提供保护，这时眼睛仍保持睁开并注意外界动静。这种上下压挤的形式，是面临外界袭击时典型的退避反应，眼睛突然见到强光照射时也会有如此的反应。当人们有强烈的情绪反应，如大哭、大笑或感到极度恶心时，也会在脸上产生这种情状。

2. 皱眉

一般人常把一张皱眉的脸视为凶猛，不会想到那其实和自卫有关。而真正带有侵略性的、一无畏怯的脸，是瞪眼直观、毫不皱眉的。皱眉所代表的心情可能有许多种，例如希望、诧异、怀疑、疑惑、惊奇、否定、快乐、傲慢、错愕、不了解、无知、愤怒和恐惧。要确实了解其意义，只有回头去看它的原因。

一个深皱眉头忧虑的人，基本上是想逃离他目前的境地，却因某些原因不能如此做。一个大笑而皱眉的人，其实心中也有轻微的惊讶成分。

3. 眉毛一道降低、一道上扬

两条眉毛一道降低、一道上扬。它所表达的信息介于扬眉与低眉之间，半边脸显得激越，半边脸显得恐惧。眉毛斜挑的人，心情通常处于怀疑状态，扬起的那道眉毛就像是提出一个问号。

4. 眉毛打结

眉毛打结是指眉毛同时上扬及相互趋近，和眉毛斜挑一样。这种表情通常表现严重的烦恼和忧郁，有些慢性疼痛的患者也会如此。急性的剧痛产生的是低眉而面孔扭曲的反应，较和缓的慢性疼痛才产生眉毛打结的现象。

在某些情况下，眉毛的内侧端会拉得比外侧端高，而成吊眉似的夸张表情，一般人如果心中并不那么悲痛的话，是很难勉强做到的。眉毛先上扬，然后在几分之一秒的瞬间内又下降，这种向上闪动的短捷动作，是看到其他人出现时的友善表示。它通常会伴着扬头和微笑，但也可能自行发生。眉毛闪动也经常出现于一般对话里，作为加强语气之用，每当说话要强调某一个字时，眉毛就会扬起并瞬即落下，像是不断在强调：“我说的这些都是很惊人的！”见面时，眉毛闪动，是表示“哈罗”，连续闪动就等于在说：“哈罗！哈罗！哈罗！”如果前者是说“看到你我真高兴”，则后者就在说“我真是太意外，太高兴了”。

5. 耸眉

耸眉亦可见于某些人说话时。人在热烈谈话时，差不多都会重复做一些小动作以强调他所说的话，大多数人讲到要点时，会不断耸起眉毛，那些习惯性的抱怨者絮絮叨叨时就会这样。眉毛的形状是千变万化的，心理学家指出，眉毛可有 20 多种动态，分别表示不同的心理变化。双眉上扬，表示非常欣喜或特别惊讶。单眉上扬，表示不理解、有疑问。皱起眉头，要么是陷入困难的境地，要么是拒绝、不赞成。眉毛迅速上下活动，说明心情十分好，内心赞同或对对方表示亲切。眉毛倒竖、眉角不拉，表明极端愤怒或异常气恼。

鼻子：人性情的象征

鼻子动作虽然轻微，但也能表现出一个人的心理变化，就是说，鼻子也有“表情”。

在谈话中对方的鼻子只要稍微胀大时，多半表示满意或不满，或情感有所抑制。鼻头冒出汗珠时，说明心理急躁或紧张；如果对方是重要的交易对手时，必然是急于达成协议。鼻子的形状像鹰嘴，尖向下垂成钩状，阴险凶暴，鹰鼻而眼深者生性贪婪不知足。如果鼻子的颜色整个泛白，表示心情一定畏缩不前。鼻孔朝着对方，显示藐视对方，轻视别人。鼻子坚挺的人性格坚强，决定的事情一定要做到。摸着鼻子沉思，说明正在思考方法，希望有个权宜之计解决当前的问题。

有位研究身体语言的学者，为了弄清“鼻子”的“表情”问题，还专门做了一次观察“鼻语”的旅行。他在车站观察、在码头观察、到机场观察。他旅行了一个星期，观察了一周，得出以下两个方面的结论。

（1）旅途是身体语言最丰富的表现区域。因为各个地区、各种年龄、不同性别、各种性格的人都汇集在一起，而且都是陌生人，语言交流很少，但心理活动又很多。所以，大量的心态都表现于身体语言。他说：“旅途是身体语言的试验室。”

（2）人的鼻子是会动的。因此，鼻子是个无声语言的器官。他说：根据他的观察显示，在有异味和香味刺激时，鼻孔会有明显的伸缩动作，严重时，整个鼻体会微微地颤动，接下来往往就会出现“打喷嚏”现象。他还认为，这些“动作”，都是在传递信息。此外，据他观察，凡高鼻梁的人，多少都有某种优越感，表现出“挺着鼻梁”的傲慢态度。关于这一点，有些影视界的女明星表现得最为突出。他说：在旅途中，与这类“挺着鼻梁”的人打交道，比跟低鼻梁的人打交道要稍难一些。

根据一位日本籍整容医生的临床经验说：“某人一旦接受了隆鼻手术，以往本来属于内向性格者，常会摇身一变而成为倔强之人。”

曾有一本小说，其中有一段关于鼻子动作的描写。书中的男主角看到一位漂亮的小姐，为了表现出他与众不同的吸烟法，他向空中吐着烟圈，然后烟圈飘向那位小姐。小姐没说什么，只是伸手捂了一下鼻子。男主角便问道："你讨厌烟味吗？"那位小姐没有应答他，只是继续捂着鼻子。其实，用手捂着鼻子的身体语言已经表达出了她的讨厌情绪。遗憾的是，那吸烟者竟然没有看出来，反而去问一个不该问的问题。这样做自然就要碰钉子。

另外，有的研究资料主张把用手捏鼻子的动作归为鼻子的身体语言，而不是手的身体语言。还有，若某人仰着脸，用鼻孔而不是用眼睛"看"人，这跟用手捂捏鼻子一样，是想要表达出自己反感的情绪。

在旅途中，碰到有这些姿势的人，尽量少打交道。譬如：请他人帮助做某件事情之时，如果对方做出用手摸鼻子的样子，或是用鼻孔对着你"看"，这应该视为他接受请求的可能性不大，或者提出拒绝的表示。

因此，跟讨厌的人迫不得已而交谈时，如果想尽快结束无谓的话题，不妨用手多次摸鼻子，再加上不停地交换姿势，或用手拍打物体之类的动作。

祸福的门户：善变的嘴巴

口是人传递有声语言的器官，它不但是人最忙碌的器官之一，而且是脸上最富有表情的部位，语言表达、情感交流、吃喝等许多功能都需要口来实现。口在人的生存交往中有着其他任何器官都不可替代的重要作用，现代心理学家经过长期观察，发现口还有反映一个人性格特征的功能。

口不仅有大小之分，也有形状之别，不同的口形能给人以不同的感觉，不同的口形有不同的性格。

理想的口唇形状应该是：口阔而有棱、正而不偏、厚而不薄、唇色红润、形如角弓、或如四字、或口方唇齐、上下唇厚薄一致、相载相覆、开大合小、唇紧闭而不露齿、位置正中、左右对称、此为有成。有成的嘴唇，表示一个人正直、忠信，语不妄发，有口德，也说明身体健康。

相反，口唇若尖缩而无棱、阔大无收、偏斜不正、薄而不厚、唇色发黑干枯、两角下垂、上下唇厚薄不一致、不相载覆、唇开露齿、位置偏歪、左右不对称，则为无成。

1. 聪明好学的四方口

四方口就是嘴的形状像一个“四”字。这种口型方方正正，嘴角平直，给人一种活泼开朗的感觉。这种人无论做什么事情都专心致志，头脑比较灵活，读书学习都比较见成效，被当作聪明人。这种人因为乐观好学，所以很容易受到别人的喜欢。他们因为正派，所以常会得到别人的信赖和帮助，因此人生也就不坎坷。

2. 笑不绝口的仰月口

这种口型比较方正，两个嘴角自然向上，天生就是副很快乐的样子。这种人往往唇如朱丹，齿如白银，给人以很好的印象，再加上那副天生笑容，很容易获得别人的好感。因为他们对知识也很感兴趣，好奇心强，知道的也多，往往出口成章，显得满腹经纶，所以经常会成为社交中引人注目的人物。

3. 消极悲观的覆船口

口如倒扣的船，嘴角两边向下垂，下唇绷得很紧而且轮廓也不大清楚。这种人思想消极，无论什么事情都往坏的一方面想，而且行动迟缓，是典型的悲观主义者。

嘴唇厚薄与人的德行

一些社会学家对嘴唇进行了研究，并且总结出许多经验，不仅得出嘴唇与身体健康有关的结论，也得出了与人的品质性格有关的结论。

1. 嘴唇厚的人为人实在

嘴唇厚的人给人的感觉是憨厚、诚实。这种人心地善良而仁慈，在为人处世中，他们总是诚恳待人，对朋友、同事重感情、讲信用。但是，这种人缺乏自己应有的主见，办事缺乏足够的果断。如果一个女人有两瓣丰润的朱唇，这就是她的本钱，足够她享受一辈子。因为这不仅表明她为人实在，还表明她身体健康，并且性感十足。

2. 嘴唇大且厚的人性格坚强

嘴唇大而厚的人给人的印象往往是比较沉着稳重。通常而言，这种人性格坚强，具有很强的自尊心和好胜心，干起事来总有一股冲劲和拼搏力，不达到目的，他们绝不会罢休。为什么会有这种感觉呢？嘴唇厚的人，面颊往往比较丰满，因此给人一种忠厚老实的感觉，而这种人待人温和，具有良好的人缘。为了保持这一系列优势，他们对自己的工作会越来越尽职尽责，工作也会越来越扎实。如果是女性，其内心感情更为丰富。

3. 嘴唇薄者爱吹毛求疵

人的容貌特征与人的道德品质总有一种潜在的本质联系。如品行端正者作风也正派，贼眉鼠眼者则为人奸诈，鼻正心也正，鼻歪心有鬼。嘴唇厚薄也同样遵循这一规律。在现实生活中也可以发现，那些尖酸刻薄的人，天生就爱耍嘴皮子，唠唠叨叨把嘴唇都磨薄了。在他们的概念中，好像只有用滔滔不绝的语言才能战胜对方，从不打算用诚信与对方交往。

嘴部的无声语言远远超过了有声语言的作用，它可以“一言不发”地告诉你一切。当然，这要依赖于你对身体语言的理解，只有这样才能使其发挥出相应的作用。

透过说话的韵律见人心

在言谈中，除了音感和音调之外，语言本身的韵律也是重要的因素。

充满自信的人，谈话的韵律定为肯定语气；缺乏自信的人或性格软弱的人，讲话的韵律则犹豫不决。其中，也会有人在讲一半话之后说：“不要告诉别人……”此种情况多半是秘密谈论他人的闲话或缺点，但内心却又希望传遍天下的情形。

话题冗长、相当时间才能告一段落的情况，说明谈论者心中必潜藏着唯恐被打断话题的不安。唯有这种人，才会以盛气凌人的方式谈个不休。至于希望尽快结束话题交谈的人，也有害怕受到反驳的心理，所以常常给对方没有结果的错觉。

经常滔滔不绝谈个不停的人，一方面目中无人，另一方面喜欢表现自己。这种类型的人，一般性格外向。

一个成功的政治家和企业家，在掌握言谈的韵律方面，都有独到之处。这种细节性的处理方式，使他赢得了社会或下属的认可与尊重。

说话比较缓慢的人，大都性格沉稳，他处事做人是通常所说的慢性子。

从说话特点看透对方的性格

人说话的目的不仅仅只是把想表达的意思传达给对方，更主要的目的则是为了让对方接受——更好地、更愉快地接受。为了达到这样的目的和效果，在说话的时候，就要注意自己的语态。因此，从一个人说话的语态上也可以反映出一个人的性格。

在说话中善于使用恭维崇敬用语的人，多为比较圆滑和世故之人，他们对别人有很好的观察力，往往能够感觉到他人的心情，然后投其所好。这一类型的人随机应变，适应力很强，性格弹性比较大，与绝大多数人都能够保持很好的关系。在为人处世方面多能如鱼得水，左右逢源。

在说话中善于使用礼貌用语的人，一般都有一定的学识和文化修养，能够给予别人足够的尊重和体谅，心胸比较开阔，有一定的包容力。

说话非常简洁的人，性格大多豪爽、开朗、大方，行事相当干练和果断，凡事说到做到，拿得起放得下，从来不犹犹豫豫、拖泥带水，非常有魅力，具有开拓精神，有“敢为天下先”的胆量。

说话拖泥带水、废话连篇的人，大多比较软弱，责任心不强，遇事易推脱逃避，胆子比较小，心胸也不够开阔，唠唠叨叨，整天在一些鸡毛蒜皮的小事上纠缠不清。他们虽然对现实的状况有许多不满，但缺乏开拓进取精神，且不会寻求改变，只是在等待，容易嫉妒他人。

说话习惯用方言的人，感情丰富而又特别重感情。他们的适应能力并不是特别强，与其他环境的融合往往需要很长的一段时间。这一类别的人，自信心比较强，有一定的魄力和胆量，很容易获得成功。

在说话的时候，总是不断发牢骚的人，大多是好逸恶劳、贪图享受的人。他们虽然想改变自己的处境，但总是安于现状，坐享其成，而不付诸实际行动。一遇到挫折和困难，就逃避退缩，把原因都归结到外界的因素上。他们对别人的要求总是相当严格，却从不以同样的标准要求自己。他们自私自利，缺乏宽容别人的气度，很少设身处地的为别人着想，总期望得到更多的回报。

言辞过恭必怀戒心

任何人际交往都是在交际双方所结成的心理距离中进行，适当的心理距离是人际交往成功的一个必要条件。语言可以拉近或推远相互之间的心理距离。要想拥有圆满而顺利的社会生活，有分寸地使用恭敬的语言是很重要的。这类语言要根据时间、场合、目的微妙地表达，均衡地加以运用。俗话说“过犹不及”，如果言辞过恭反而显得肤浅。

适度的礼貌，是维系良好人际关系的方法之一。人与人之间的礼貌，有一定的形式、程式和措辞等，人人都必须遵循。“殷勤过度，反而无礼”。法国作家拉伯雷说过：“外表态度上的礼节，只要稍具有知识即能充分做到；而若是想表现出内在的道德品行，则必须具备更多的气质。”那么从言辞到行动总是恭恭敬敬的人，也许可以说是气质上的欠缺。

这些人在与人交往的时候，一般总是低声下气，始终用恭敬的语言、赞美的口气说话。初交时，对方也许会有不好意思的感觉，但绝不会对这些人产生厌恶。然而，随着交往的日益深入，他人便会逐渐察觉这种人的态度，而且会气恼不已。这时对他的评价，大多变为：“那家伙原来是个口是心非、表面恭敬的人！”

这种人幼儿期一定受到过双亲严厉而又错误的教育，尤其是在有关礼节方面。因此，那些在一般人看来是可容许的欲望，却不为他们的良心所许可，导致他们产生了恐惧、罪恶和不安等感觉。于是，他们便将种种欲望、冲动和情绪全都压抑在内心深处，死死禁锢着。但是，被压抑的欲望、冲动和情绪越积越多，总有一天会形成强大的攻击冲动而发泄出来。他们会直觉地觉察到这一点，为求掩饰起见，便启动反作用的心理防卫机制——对人更加恭敬。这等于说，这类以令人难以忍受的过分谦恭的态度对待别人的人，内心里往往郁积着对别人的强烈攻击欲。

有些人虽然彼此交往很久，双方的了解也很深刻，但是对方依然在运用客气与亲切的言辞，说话的语气也十分谨慎。在这种情况下，对方如果不是在心理上怀有冲突与苦闷，就是在心中怀有敌意。反之，有人故意使用谦逊与客气的言语，是因为他们企图利用这种方式和态度闯进对方心里，突破对方心中的警戒线。实际上，他们的真正动机在于企图掌握对方，实现居高临下的愿望。

许多人在说话时，往往会伴随着一些动作。这些动作，有的是习惯形成的，有的则是说话的人为了加强说话的效果与语气等特意做出的。总之，不少人都有边说话边做动作的习惯。而这些动作、手势等不仅代表着说话者的某些强调或附加的含义，而且，各人所做出的不同动作，还反映着不同人的心理及性格特征。因此，只要我们留意和细心观察，便可以从说话人的动作中窥探到他们的内心世界，从而了解这些人的性格特征。

9 种言谈各有千秋

“一母生九子，九子各不同”。人与人之间有着很大的差别，由此产生了 9 种偏狭性情，它们可能妨碍我们对人的理解。

1. 夸夸其谈的人

这种人侃侃而谈，宏阔高远却又粗枝大叶，不太会打理细节问题，琐屑小事从不挂在心上。这种人的优点是考虑问题宏博广远，善于从宏观、整体上把握事物，大局观良好，往往在侃侃而谈中产生奇思妙想，发前人之所未发，富于创见和启迪性。

2. 义正言直的人

这种人言辞之间体现出刚正不阿、不屈不挠的精神，公正无私，原则性强，是非分明，立场坚定。他们的缺点就是处理问题不善变通，为原则所驱而显得非常固执，但能主持公道，往往得人尊崇，不苟言笑而让人敬畏。

3. 抓住弱点攻击对方的人

这种人言辞锋锐，抓住对方弱点就猛烈反击，不给对方回旋的余地。他们分析问题透彻，看问题往往一针见血，甚至有些尖刻。由于致力于寻找、攻击对方的弱点，有可能忽略了从总体、宏观上把握问题的实质与关键，甚至舍本逐末，陷入偏执与死胡同中而不能自拔。

4. 语速快、辞令丰富的人

这种人知识丰富，言辞激烈而尖锐，对人情世故理解得深刻而精到。但由于人情世故的复杂性，又可能形成条理层次模糊混沌的思想。这种人只会做力所能及的事情，并且完全可以让人放心，但一旦超出能力范围，就显得慌乱、无所适从。他们接受新生事物的能力强，反应也特别快。

5. 似乎什么都懂的人

这种人知识面宽，随意漫谈也能旁征博引，各门各类都可指点一二，显得知识渊博，学问高深。他们的缺点是脑子里装的东西太多、系统性差、逻辑思维能力不强、思想性不够，一旦面对问题就可能抓不住要领。这种人做事，往往能想出几个主意，但都打不到点子上去。

6. 满口新名词、新理论的人

这种人接受新生事物很快，遇到新鲜言辞就能在日常生活中运用，而且有跃跃欲试、不吐不快的冲动。他们的缺点是没有主见，不能独立面对困难并解决，易反复不定、左右徘徊，比较软弱。他们如果能沉下心来认真研究问题，锻炼意志，无疑会成为业务能力很强的高手。

7. 说话平缓的人

这种人性格宏广优雅，为人宽厚仁慈。他们的缺点是反应不够敏捷，处事不够果断，转念不快，属于细心思考、长久思考型人才，有恪守传统、思想保守的倾向。他们如果能加强果断勇敢之气，对新生事物持公正而非排斥态度，会变得从容平和，具有长者风范。

8. 讲话温柔的人

这种人用意温和，性格柔弱，不争强好胜，权力欲望平淡，与世无争，不轻易得罪人。他们的缺点是意志软弱，胆小怕事，雄气不够，畏惧麻烦，对人事采取逃避态度。如果能磨炼胆气，知难而进，勇敢果决而不犹豫退缩，他们会成为一个刚柔相济的人物。

9. 喜欢标新立异的人

这种人独立思维好，好奇心强，敢于向权威说不，勇于向传统挑战，开拓性强。他们的缺点是思考不够冷静，易失于偏激，不被时人理解，成为孤独英雄。他们可利用他们的异想天开式的奇思妙想做一些有开创性的事。

说话时盯住别人的人

有些人在与他人谈话时喜欢目不转睛地看着别人。在聚会上，这种人也常常盯住一个人不放，而他并不是看上了这个人。

这种人的支配欲望很强，而大多数的时候他们确实又都有某种优势，因此只要有机会，他们就会向别人表现自己。怎么说呢？他们占不到天时地利就一定能占到“人和”。他们的行为时常看起来像花花公子（很多时候是事实），但有一点值得大家肯定，他们选定了人生的目标就一定会去努力实现。

这种人不喜欢受束缚，经常我行我素。另外，他们比较慷慨，因此他们周围总是有一些相干和不相干的人在一起。自然，有真心的，也有看中“酒肉”的。

每个人都有自己的言谈习惯，而且不同的人所具有的言谈习惯都有各自的特点。心理学家经过反复调查和研究，了解到一个人的说话习惯与其性格特征有着直接的关联，而且可以把这种关联作为认识一个人的基本方法。

得理不饶人的人

喜欢辩论的人时常都是气势凌人、得理不饶人的人，在辩论中总想把对方打倒，叫人永远不能翻身。这种人总认为真理只会掌握在自己手里，只要对方偃旗息鼓，自己就算胜利了。因此，他们与别人讲话时，用不了多久就会发生争执，辩论成为他们与别人谈话的主要方式。

从本质上看，这样的人其实是个弱者。他们把大好的时光都花费在无聊的辩论上，把很多时间都用在胜败的较量上，哪里还有更好的心情去做更有意义的事呢？他们从争辩的胜利中得到了什么呢？其实什么也没有得到。对方无法得到快乐，而他们自己也同样得不到快乐。

这样的男性易于冲动，表里不一，对事物的发展方向无法把握。因此，他们虽然不怕困难，艰苦奋斗，但是也很难取得成功。因为他们偏爱辩论，所以树敌也颇多。事业难以成功，人际关系恶化，他们心里充满害怕和孤寂，为了掩饰这种弱势，他们常以高声辩论来掩饰自己的懦弱。

从接受表扬的态度看透对方

表扬是对成绩的肯定，表示大众接受他们的行为或某种观点，是人人都期求的一种外界反应。受到表扬的人往往会得到心灵上的愉悦和满足。

有的人追求表扬胜过财富，也有的人追求表扬胜于生命，所以表扬对于一个人的性格有着非常大的影响。

危险处境考验的是一个人的勇气，功名利禄能够检验出一个人的德行，一个人的耐性可以从琐事缠身的时候看出来，而一个人在接受表扬的时候所产生的反应，将暴露出什么信息呢？

1. 一受到表扬就害羞的人

受到表扬的时候面红耳赤、表现得很腼腆的人，温柔敏感、感情非常脆弱，别人的批评很容易让他们受到伤害，更经受不住意外的打击。他们富有同情心，关注别人的感受，不会用言语或行动主动攻击别人。

2. 不敢相信的人

这种人听到赞扬的话，会用一副非常惊喜的样子来表达自己心中的高兴。他们憨厚淳朴，不喜欢与别人发生矛盾冲突，经常损失自己的利益来换得安宁。他们喜欢参加群体活动，交往过程中的大度和慷慨让他们与别人建立起良好的人际关系，与他人能够相处得非常融洽。

3. 相互赞扬的人

听到别人的表扬，这种人立刻会用相应的表扬话语回敬，让对方有被回报的感觉，这种人有自己的个性，不喜欢依赖他人，对自己和生活充满了自信。这种人在人际交往过程中，很讲究平等互利，和他们交往可以毫无后顾之忧，既不必担心吃亏，也不会产生占他们便宜的觊觎念头。

4. 极力否定的人

这种人经常用诙谐的话语回敬对方的表扬，有时会否定对自己的表扬。他们不喜欢参加集体活动，不愿受到别人的干扰，将更多的精力和时间用于维护自己的独立空间。他们幽默含蓄，但又略显放荡不羁，其实这是他们故意封闭自己的一种手段和方式，因此通常不会和别人建立起深厚的友谊。

5. 来者不拒的人

这种人较为公平，会在接受别人表扬的时候用适当的好话称颂对方。他们心地单纯，好助人为乐，经常设身处地为别人着想，能够对他人的优点给予肯定，别人非常愿意和他们相处。他们慷慨大方，能够给予朋友及时有效的援助，和他们共渡难关。

6. 心平气和的人

这种人对于表扬自己的人，能恰到好处地表达出由衷的感谢，给对方彬彬有礼的感觉。他们沉着稳重、注重实际、讲究实效、富有进取心、善于韬光养晦，经常出其不意地给人以惊喜。他们有着独立的行事原则，能够按照预定的目标坚持不懈地努力，不受外界环境影响，更不会招摇过市、不可一世。

第二章

洞悉人心的心理策略

从阅读习惯上看人的内心

不同的人会有不同的阅读习惯。买回一本书或是一份报纸，有的人会迫不及待地马上就读，但也有的人可能会把它先放在一边，等闲暇时再安安静静地去享受，这其中的差别就是由不同人的不同性格所致。所以通过阅读的状态和习惯也可以对一个人的性格进行观察。

有些人拿到一本书或是一份报纸后，不论时间、地点和场合，总是迫不及待地想看看其中到底讲了什么内容，即使是手头上正做着别的事情，也会暂时先放一放。这种人多是外向型的，他们做事总是雷厉风行，干劲十足，但缺乏必备的稳重和沉着。他们的性格比较开朗和大方，真诚而又豪爽，生活态度也很积极乐观，有充沛的精力和热情，是一个不甘于寂寞的好动分子。他们虽然头脑很灵活，具有一定的随机应变能力，但是并不善于掩饰自己，常常是喜怒形于色，别人往往会看个一目了然。他们的适应能力和交际能力并不差，所以在社会上还算吃得开。他们的思想比较超前，对于新鲜事物的接受能力也很快，常常会有一些大胆的设想。但缺点是太爱出风头，有时还有些刚愎自用。

有些人拿到一本书或是一份报纸以后，先将它们放在一边，尽快把自己手头上的工作做好，然后在没有任何打扰的情况下，再将它们拿出来，静静地、认真地阅读，看到比较好的内容，说不定还会剪下来贴到剪报上去。这一类型的人大多属于内向型的，他们沉默少语，也不善于交际，所以人际关系并不是特别好。但是他们很有自己的思想和主见，不说则已，一说常常是一鸣惊人。他们很注重现实，不会有一些不切合实际的想法和做法，自我约束能力比较强，个性独立、办事认真，只要去做，就会力争把事情做到最好。平时他们对周围的人不是很热情，也不希望从别人那里得到什么，但他们也很懂得自取其乐。

有些人拿到一本书或是一份报纸以后，只是先大概地浏览一下，然后就放在一边不看了，因为他们很难静下心来一一仔细地阅读。这样的人性格大多外向，生活态度是乐观而又积极的，但有一些随便。他们具有一定的幽默感，善于交际，兴趣广泛，耐不住寂寞，他们希望生活中永远都有许多人和欢声笑语。他们具有一定的组织能力，但自我约束力差，做事常常马马虎虎、得过且过，且时常招惹一些是非。

从喝咖啡的方式考察人的习性

咖啡是世界著名的饮料之一，犹如中国的茶叶一样有着悠久的历史。咖啡传入我国虽然没有太长的时间，但随着人们生活水平的提高，这种较为高档的饮料已经走进了千家万户。

由于地域、生产加工技术以及配料的不同，咖啡的味道和口感呈现出不同的变化，于是人们在挑选适合自己口味的咖啡时，便不经意地将自己的性格暴露出来。

1. 喜欢亲自磨咖啡豆的人

这种人个性鲜明，追求独立自主，不喜欢受别人的摆布。他们自信心十足，从来没有不敢尝试的事情，更愿意向权威人士挑战，这是一种莽撞的行为，经常会让自己至亲的人捏一把汗，但他们却用大胆征服了旁观者，在别人心目中留下深刻的印象。他们吃苦耐劳，喜欢追求至善至美，而且办事有条不紊。

2. 喜欢过滤咖啡的人

这种人最不懂得珍惜时间，经常把浪费时间当成对别人的一种炫耀，而且会美其名曰高雅、超凡脱俗和提高生活品位。他们是完美主义者，对自己想拥有或已经拥有的特别关注，而且舍得投入，并要求实现最完美。他们期待付出会有响应和回报，但大多数情况下他们得自己安慰自己。

3. 用酒精炉加热咖啡的人

这种人具有浪漫情怀，渴望重温往日的情调，总会营造出一种怀旧的气氛，特别喜欢自然与淳朴。他们比较保守，为人处世按照传统的理念和规则行事，虽然有非常美好的理想，但是畏首畏尾而难以付诸实践，更别提实现的可能。

4. 用电热器煮咖啡的人

这种人有忧患意识，未雨绸缪，在事情还没有发生之前往往已经做好了相应的准备，所以很少出现手忙脚乱的情况。无论工作、学习还是人际交往，他们处处谨小慎微，在和自己有利害冲突或对别人不利的时候不轻易越过雷池一步。他们热情大方，特别是对自己的亲朋好友，经常能主动伸出援助之手，帮助他们克服困难、渡过难关。

从个人嗜好识别对方

其实每个人都有一些自己的嗜好，只不过有些时候，由于工作学习太忙了，以至于没有一点时间来做自己喜欢的事情，所以渐渐地把它忽略了。嗜好不同于一般的工作和学习，工作和学习在很多时候都具有一定的目的性，为了某一目的而做，甚至是做也得做，不做也得做，这就感觉到非常被动。可是嗜好不一样，嗜好完全是自己喜欢、感兴趣的，做它是为了愉悦自己。有什么样的嗜好，这往往要依据一个人的性格而定，所以通过它来了解一个人是最好不过的了。

1. 喜欢打猎的人

喜欢打猎的人性格多是比较粗犷和豪爽的，很讲义气，凡事不会和别人太计较。他们深知社会之现实，优胜劣汰，适者生存，所以他们会努力使自己成为一个强者，因为只有这样才能更好地生存下去。他们有一定的胆识和魄力，很多事情都是敢做敢当，可称得上是顶天立地的人。

2. 喜欢手工艺品和刺绣的人

喜欢手工艺品和刺绣的人，多数是热情而富有爱心的，他们具有很强烈的责任感，能够对每一个人每一件事情负责。他们的生活态度是积极乐观的，但并不会放纵自己。他们什么时候都知道什么是自己应该做的，什么是自己不应该做的。他们自信心非常强，经常会为自己所取得的成就而暗自陶醉，从中获得满足感和成就感。

3. 喜欢搜集钱币的人

喜欢搜集钱币的人，性格相对而言是比较保守和传统的，不太敢于冒风险，对于接受新鲜事物的能力比较差。他们多具有很强烈的责任心，尤其是对自己的子女更是倍加疼爱。这一类型的人做事有始有终，追求完美，从来不会半途而废。他们对结果的重视程度往往要大于过程。

4. 喜欢搜集一些乱七八糟东西的人

喜欢搜集一些乱七八糟东西的人，例如啤酒瓶子、没用的盘子等，大多进取心比较强烈，他们在大多数时候都表现得相当忙碌，好像总有许多做不完的事情。他们的怀旧情结比较浓厚，从这一点可以观察出他们是很重感情的人。他们不会过分地放纵自己，而且很懂得节约，欲望心不是特别强烈，在很多时候比较容易满足现状。同时，他们也有很强的自信心，会为自己所取得的成就感到骄傲和自豪。

5. 喜欢表演的人

喜欢表演的人情感是很细腻的，希望能够尝试不同的角色，体验不同的生活。除此之外，他们的想象力还十分丰富，这样他们才能把不同的角色揣摩到位，表演逼真。但这一类型的人，有点耽于幻想而不切合实际。

6. 喜欢木工制品的人

喜欢木工制品的人，动手能力都是比较强的，凡事都希望能够自己解决，而不依靠别人。他们的自尊心比较强，若总是靠别人，会使他们的自尊心受到伤害。他们大多怀有强烈的自信，坚信自己会成功。他们对于新事物的接受比较快，敢于探险，喜欢进行探索和尝试。

7. 喜欢园艺的人

喜欢园艺的人凡事都追求一个循序渐进的过程，然后让其自然而然，水到渠成。他们具有一定的责任感，能对某个人、某件事情负责。他们自己心里会时常有一些欲望，为了使这种欲望变成现实，他们会很努力地工作，然后在付出得到回报以后，会好好地享受自己的劳动成果。

8. 喜欢钓鱼的人

喜欢钓鱼的人做事的时候对于过程的重视程度往往要多于结果。他们在做的过程中能够体会到很多的快乐和自我价值的肯定，但是对于结果的成败，则显得有些无所谓了。他们信奉的人生格言就是努力做了就问心无愧。他们在平日里显得比较散漫，看样子有些不在状态上，可一旦有事情发生，他们往往能够以最快的速度调整自己，积极地投入其中，而且大多有很好的耐性。

9. 喜欢写作的人

喜欢写作的人思考能力是很强的，为人比较小心和谨慎，喜欢把自己的想法写出来，这样可以更方便把自己的思路厘清，他们也很有自己独特的见解和想法。

10. 喜欢抽象画的人

喜欢抽象画的人表现欲望相对比较强，他们希望有更多的人注意到自己。另外，他们的自我意识比较强，并不是十分在意别人对自己的看法，而喜欢我行我素。他们的行为在很多时候是相当古怪的，他们做事喜欢为自己着想，而很少考虑其他人的意见和感受。

他们是相对独立的，而且任性固执，只愿意自己定规矩，自己遵守，而不愿意遵守别人制定好的规章制度。

11. 喜欢飞机模型的人

喜欢飞机模型的人自我意识并不强烈。他们与喜欢不受人束缚和限制、自由自在的人恰恰相反，往往更乐于听命于他人的领导和安排，这样他们就不会感到无所适从了。他们缺少必要的冒险精神，凡事把安全保险放在第一位。在遇到困难的时候，他们往往会显得相当焦躁，这时候，只有出现一个领导者，指导着他们去做什么、怎样做，他们才会逐渐地稳定下来。

下意识动作和他的真实想法

很多时候，人们的一些下意识动作，往往透露了其内心的真实想法，因为人虽然是理性动物，却不能完全控制自己的下意识动作。当我们感到兴奋、激动、高兴时，除了面带笑容、眉毛舒展之外，往往还会振臂欢呼，击掌庆贺，借着全身的动作将欢乐表现出来。当我们感到紧张、恐慌时，往往就会情不自禁地握紧拳头，全身也变得较为僵硬。

人们常常通过手足活动来表露感情。有时，人们想隐藏面部表情，但这样很容易引起指尖和脚的活动，将体态活动变为频繁的局部活动，即把感情所表露出的张力转换成了活动量。而所有这些活动都是在无意识的状态中进行的。一般来说，一个人有意识的动作，多出自表演、自耀的目的，而无意识的动作却是发自自然、出自天性的。正因为如此，通过一个人的一些无意识动作，可以知晓他内心很多真实的想法或情绪状态。

人的无意识动作与神经的类型有关。我们在观察这种类型的人时，与其看他们的体格，倒不如以他们强烈的感受性来分析他们的性格来得妥当。由于他们强烈的感受性，对于自己身边的事情，都有非常敏感的反应，因此，他们常有留意周围人的动静的习惯。

我们在打电话的时候，有时会玩弄电话线，此种动作也是由于潜意识中无法用语言充分表达思想所采取的手的辅助作用，如果我们在众人面前演讲时，情绪一紧张，也就会自然而然地指手画脚，或者开始扭动麦克风线。我们面对外国人时，假使不能用语言充分表达思想，通常也会借助手脚来表情达意。

当你去朋友家做客时，虽然主人依旧和你像往常那样天南地北地神侃，但是你如果发现他不停地弹烟灰或者用手指像弹钢琴般地轻敲椅子扶手，或者不时移动一下桌子上的东西，那么，此时你最好站起来告辞。别看他的表情是那么热忱，他手发出的那些无意识动作在无意中已经告诉你，他开始感到心烦意乱，提醒你该走了。

在彼此信息交流最旺盛的时候，频频出现弹指、搔鼻、拭脸等与交谈内容无关的动作时，表示做出该动作的人，并没有认真倾听对方的说话，其心理上已经出现了障碍。很多时候，这种下意识的动作，是表示厌恶对方的一种无言的信号。

无意识的动作，有时候也可以制造一种企求别人的信号。比如，我们经常可以看到一些子女在外工作的独居老人，他们经常不由自主地玩弄一些小东西，这是他们在向外界传达这样的信息：我们很寂寞，多希望有人来陪陪我们啊！如果一个人不了解独居老人们这个无意识动作的含义，常常会对他们这些小动作感到困惑不解。

从旅游偏好窥探人的性格

心理学家认为，了解一个人喜爱的旅游方式，可以推测出一个人的潜在性格。不妨拿自己进行比较，便可以探究其真实性。

1. 喜欢欣赏风景的人

喜欢欣赏风景的人不想被局限于斗室之内，呆板的工作往往令他们感到烦躁，他们是精力充沛的人，而且富于幻想，任何生活中的新责任或新体验，都会让他们大为兴奋。

2. 喜欢漫步海滩的人

喜欢漫步海滩的人个性略带保守与传统，爱好孤独，有一种离群索居的欲望。不过，由于这种人对朋友和人际关系都很冷漠，所以他们会是好父母，因为他们会把所有心思都放在孩子身上。

3. 喜欢参加旅行团的人

喜欢参加旅行团的人是很理性的人，做什么事情都喜欢计划得井井有条，不期待任何惊奇的意外之旅。此外，他们个性豪爽，喜欢与别人分享一切，而且当别人懂得欣赏他们的时候，他们会格外高兴。

4. 喜欢到各地去探访朋友的人

喜欢到各地去探访朋友的人的最大优点，也是他们做任何事情的最大动力。在探访朋友或亲戚时，会让他们有踏实感。他们还是实事求是的人。

5. 喜欢出国旅行的人

喜欢出国旅行的人是追求潮流和时尚的人，生活中的变化会让他们觉得很刺激。此外，他们还有充满幽默的个性，不容易被生活的重担压倒，总是过着自由自在、毫无拘束的生活。

6. 喜欢露营的人

喜欢露营的人是传统思想的拥护者，拥有崇高的道德标准，个性独立，富于创造性。这种人的人生观是讲究实际、讲究客观的。

从读书看人的性格特征

在心理学家眼里，读书不仅能增加一个人的知识和内涵，还能在某种程度上反映出一个人的性格和心理。从一个人喜爱看的书，可以分析出其性格和心理。

1. 喜欢读言情小说的人

他们是重感情的人。这种类型的人非常敏感，生性乐观、直觉敏锐，一般很快就能从失望中恢复过来，东山再起。

2. 喜欢看传记的人

这类人有好奇心重、谨慎、野心勃勃的性格。他们在做出决定之前，一定会研究各种选择的利弊得失及可行性，绝对不会贸然行事。

3. 喜欢看通俗读物的人

喜欢看诸如各类型街头小报、周刊、八卦杂志等的人，一般都富有同情心，乐观开朗，经常利用巧妙的言辞带给别人欢乐。这种人总有源源不断的趣味性话题，经常成为办公室里或社交场合中颇受欢迎的人物。

4. 喜欢读漫画书的人

这类人一般都喜欢纵情玩乐，性格无拘无束，不想把生活看得太认真。

5. 喜欢读《圣经》的人

这类人奋进而诚实，是尊重掌握权力的人，同时也很容易体谅别人。

6. 喜欢读侦探小说的人

这种人勇于接受现实中的挑战，善于解决各种各样的问题，别人不敢挑战的难题，他们也愿意去应付。

7. 喜欢看恐怖小说的人

这种人多半因为生活太沉闷，使得他们想要寻找刺激及冒险。

8. 喜欢读科幻小说的人

这种人大多是富有丰富的幻想力和创造性的人，多为科学技术所迷惑，喜欢为未来拟订计划。

9. 喜欢读历史书籍的人

此类人富有创造力，不喜欢胡扯、闲谈，宁愿花时间做些有建设性的工作，也不想去参加无意义的社交活动。

从益智游戏来观察对方

"益智游戏"就是以新方法运用旧知识来解决问题。经常接触与之相关的游戏，会使一个人变得更聪明、更灵活。不同的人会喜欢不同类型的益智游戏，喜欢是因为他对这一方面感兴趣，这就是人在性格方面的一种体现。通过喜欢的益智游戏往往也能对一个人进行观察、了解和分析。

1. 喜欢魔术方块的人

喜欢魔术方块的人大多数自主意识比较强，他们不希望他人把一切都准备好，而自己不需要花费什么力气或心思，也不喜欢把他人的思想和意见据为己有，而是热衷于自己去钻研和探索，哪怕这需要漫长的过程和付出昂贵的代价，也不会改变初衷。他们具有很好的耐力，对某一件事情，别人在感觉不耐烦的时候，他们也还能坚持如一。他们心思灵巧，触觉相当灵敏，喜欢自己动手制作一些小玩意。

2. 喜欢拼图游戏的人

喜欢拼图游戏的人，生活常常也像拼图一样，好不容易把一幅完整的图形拼好，紧接着又会变成一块块的碎片。他们的生活常常会被一些意料不到的事情所困扰和左右，有时甚至使长时间的努力和付出全部付诸东流。不过庆幸的是，这一类型的人具有一定的忍耐力和信心，在不如意的生活面前，不会被击垮，而是能够保持自己再奋斗的精神，一切都可以重新开始。

3. 喜欢纵横字谜的人

喜欢纵横字谜的人多是做事非常注重效率的人。他们希望在最短的时间内花费最少的精力最大限度地完成某件事情，可这在某些时候是不现实的。他们很有礼貌和教养，在与人相处时彬彬有礼，表现出十足的绅士风度。他们大多有坚强的意志和责任心，敢于面对生活中许多始料不及的困难和灾难。

4. 喜欢玩几何图形游戏的人

喜欢玩几何图形游戏的人多是比较聪明和富有智慧的，他们对某一事物，常常会有自己独到的见解，而不是随大溜。他们有很强的自信心，生活态度积极向上，在思想上比较成熟，为人深沉而内敛，常常是一副成竹在胸的模样。在做某一件事情之前，他们多是要经过深思熟虑，在心里有了大致的把握以后，才会展开行动，这样即使出现什么变故，也能很快地找到应对的策略。

5. 喜欢数字类益智游戏的人

喜欢数字类益智游戏的人大多逻辑思维能力比较强，他们的生活多是极有规律的，有时候甚至达到了呆板的程度。他们在为人处世等方面并不会随机应变，而是过分地有棱有角，结果既伤到了别人，也给自己带来了伤害。

6. 喜欢智力测验的人

喜欢智力测验的人对生活的态度虽然是非常积极和乐观的，但有时候并不了解生活的本质是什么。他们的生活没有什么规律，而且对于各种事物的轻重缓急并没有一个清楚的认识，常常会将时间、精力甚至财力浪费在没有任何意义的事情上面，结果反倒将正经事情耽误了。可是他们并不为此而懊恼或后悔，相反却还找各种理由安慰和劝导自己。

7. 喜欢神秘类益智游戏的人

喜欢神秘类益智游戏的人性格中最突出的特征就是疑心比较重。在他们看来，这个世界上好像没有一样东西是可信的，他们对任何事物都表示怀疑，而这怀疑常常又是没有任何依据的。他们对某些细节及一些微小的差别总是表现得极其敏感，而这往往又会成为他们为自己的怀疑所找到的依据。他们会不断地对别人进行指控，但紧接着又会为没有充分的证据进行说明而感到苦恼。

8. 喜欢在一张照片中寻找错误的游戏的人

喜欢在一张照片中寻找错误的游戏的人，活得大多不轻松，常常会被一些没有任何理由的烦恼困扰。尽管现状是一片大好，可他们却往往要朝着差的方面想。他们的胸怀大多不够宽广，很少注意到别人的优点，而总是盯着别人的缺点不放。

酷爱不同球类运动的人

人是一种动物，其关键就在于“动”，所谓的“动”，其中就包括身体运动。其实运动对于人而言是一种必不可少的生活方式，而生活当中绝大多数人也都在运动。不同的人会热衷于不同的运动方式，这也是人在性格方面的流露。

1. 喜欢篮球的人

喜爱篮球的人多有较高的理想和远大的目标，他们经常对自己抱有很高的期望，希望自己能够比他人出色，站到别人前边去。为了达到这样的目标，他们可以做出很大的牺牲和努力。这其中可能避免不了要遭遇失败，但他们失败以后不会被击倒，不会一蹶不振、灰心丧气，与之相反，他们的心理素质比较好，能够重新站起来，再接再厉。

2. 喜欢排球的人

喜爱排球的人多是不拘小节的，他们在做一件事情的时候，对过程的重视程度往往要超出结果许多倍。

3. 喜欢打网球的人

喜爱打网球的人大多是具有比较高文化素养的人，因为网球运动本身就具有贵族的气息和很高的格调，并不是所有人都可以轻而易举加入到这项运动中来。喜爱网球运动的人从整体上来说，大多是属于文质彬彬、有涵养的那一种人，他们会在各个方面严格要求自己，使自己达到一个相对比较高的层次，力求至善至美。

4. 喜欢足球的人

足球运动本身就是一项很刺激的运动方式，能让人兴奋。喜欢足球的人应该是相当富有激情的，对生活持有非常积极的态度，有战斗的欲望，干劲十足。

主动当介绍人的人喜欢自我表现

“听说你明天要到外地出差，那儿正好有很多我的好朋友，你只要向他们报上我的名字，保证你办事会很顺利。”有的人就是如此，别人还未请他帮忙，就主动为人介绍朋友。

如果这位出差的人士靠这位朋友的介绍，得到当地朋友的特别照顾，同时借着这些人的面子和信用，工作确实开展得很顺利，甚至他们还体念你刚到陌生的地方，晚上带你四处玩耍，那么这种人的好意实在不错。但多半情形是尽管你按地址找到了其人，情况却与预期的不同。

其中原因可能是因为被推荐人并不像介绍人所说的可以值得信赖，而且两人也没什么特别亲密的关系，所以才会得到冷漠的待遇。

如果出差的地点是在外国的话，这个介绍人想发挥自己影响力的欲望也就更强烈，所以我们可能听到他说：“喂！你这次是不是要到伦敦？你可以拿我的介绍信去拜访这个人，或者你到了纽约去找这个人……”如此一一介绍。

而当事人信以为真，拿着那封信拜访被推荐人，结果可能又和前述境遇相同，不但自己的希望破灭，而且对方也许根本不知道介绍人为何许人也。

这种人，为什么如此热衷于帮别人介绍朋友？原因就是这些介绍人可以通过为人介绍这一行为，来满足自己爱管闲事的冲动。

当然，他们一方面是出于好意，理解朋友的人地生疏；另一方面，也是向朋友表示他有不少知心好友，他很有办法。但这些人的想法未免太单纯，因为他们既然要替人介绍，至少应该知道必须对当事人双方负责任。

这些介绍人，表面上看来似乎很乐意照顾他人，本着“助人为快乐之本”之心，事实上他们并未尽到介绍人的责任，只是以此满足自己的虚荣心而已。

总之，喜欢替人介绍的人，往往是渴望表现自己的能力却并未真正替被推荐人或第三者考虑。所以各位不要把他们的行为和真正喜欢照顾别人混为一谈。

喜欢自曝隐私并揭人隐私者的心理动机

有个 30 岁的职员欧阳先生，在办公室里兴高采烈地告诉大家：“昨天我去相亲了！我对对方颇有好感，我想她对我的印象应该也不差，看样子会成功，所以我打算在秋天举行婚礼，到时候一定请你们来参加我的婚礼！”

过了两三个星期后，同事们对此事情的进展都很关心，于是问他进展情况，但欧阳先生却露出沮丧的神情，回答：“那个女孩似乎不太中意我，昨天正式拒绝和我继续交往，我非常郁闷。”

还有一次，欧阳先生又对工作单位的同事们谈道：“我姐姐两三天前和丈夫离婚，小孩子也带回家里来，真是太落魄了。”欧阳先生就是如此，把自己的心态、身边发生的事情，毫不隐瞒地告诉自己的同事，而且他自己也喜欢打探其他人的隐私，渐渐地同事们无法忍受他了。虽然他已经辞职，但仍然还未接受自己真正离去的事实。

喜欢自曝隐私者中还包括这样一类人：一些机关、单位已退休的前辈管理人员。这类人常常有点耐不住寂寞，会时不时地去探访一下原工作单位，并且把自己最近的私事一五一十地向老部下们抖搂出来。

他们的后继者对前辈的来访虽然也笑脸相迎，但总难免会对这位不速之客稍有不悦，因为他就职上任后，好不容易才改善了工作场所中的气氛，由于这些前辈的来访，又回复到以前的气氛，难怪他们会不高兴。

至于那些夹在此二者之间的同事们，觉察出这种心态，所以左右为难。

这种不自然的气氛，造成探访的前辈无法满足的感觉，虽然他们也了解，已经离开单位了，就不再是单位的成员，但越了解这个事实，他们的心境就越孤单。从表面看来，他们是离职了，但在心理上，却还停留在自己是单位一员的心态。所以他们渴望探访旧的工作场所时仍能受到老同事的欢迎，以此证明自己还不是“人一走茶就凉”，单位还记得他，从而获得心中极大的满足。

此外，换了工作环境后，有的人可能更发达显耀，为了表示优越感，他们常会借口回单位探望，以满足其虚荣感。

酒后辨真言

喝过多的酒并不是件好事，过量饮酒，体内的酒精会使人亢奋，对人的大脑神经产生影响，从而使人做出同平时不一样的举动。“酒后吐真言”是一句俗语，而许多人的真实经历也为这句话提供了切实可行的证据。毋庸置疑，酒精具有麻痹大脑的作用，所以当某人喝醉后，意识会失去控制，因而对一些事情也就不会在意，这就是为何会有“酒后胡言乱语”的说法。而如果继续豪饮，到了“烂醉如泥”的程度，意识的发挥会受到阻碍，无法感觉外界事物的刺激，大脑进入深度睡眠状态，这时，无意识开始启动，曾经埋藏于内心最深处的影像或者语言会不由自主地表达出来，但是醉酒者是不知道的，因为他已失去了主动的意识。那么大家能否通过一个人酒后的言语来判断这个人的品性如何呢?

曾有一个笑话，有一个平时为人很文雅的男士喝多了，去一棵小树旁方便，完事了抽身要走，却感觉有人扯住了他，他回头推辞：“不，不，太晚了，我该回去了，妹妹再见。”无奈就是走不脱。等他的人看他一个人忙活，等得不耐烦了，也过来跟他一起劝解：“小姐，你松手吧，我们以后再来，机会有的是呢。”来来回回推辞一个多小时之后，他们才发现，他其实是把腰带连人带树一起捆上了，还跟树好一阵情意绵绵。通过这个笑话，大家大概能看出这个人表面和内心的不一致通过醉酒后的言语反映了出来。

大多数人在酒后说的话都跟平时工作和生活中的问题、烦恼有关。现实中，很多白领阶层为了缓解工作中的压力，愿意去酒吧发泄，当然不仅仅是通过喝酒这一渠道。大多数男人在面对问题时，也愿意用酒精来麻痹自己。

酒是人们情感交流的纽带，推杯换盏、觥筹交错间距离更近，情谊更浓。饮酒还有一个作用，就是通过观察人们酒后的表现，了解他们的性格特点。醉酒后是否口吐真言也是因人而异的，是不是每个人都会酒后吐真言，而吐的又是否都是真言呢？就像喜欢独斟的这类人属于郁郁寡欢的类型。他们既不擅长言语表达和人际交往，也没有凑热闹的爱好。他们为人拘谨，偏好独处，但通常也比较理智，能明辨是非，行为上常显得消极。所以想以酒探究这类人还是需要一些心思的。

若想观察他人醉后的姿态，就得“众人皆醉我独醒”。所以饮酒应适可而止。小酌怡情，还可以借机观察周围的人，而烂醉就会让别人看穿心思，给自己酒后制造麻烦。

商务谈判中需要掌握读心技巧

生意人每天都要与各种各样的人打交道，生意人的成功离不开一定的社会环境，换而言之，离不开你每天所要打交道的这些人。生意人的成功就取决于你每天要交往的这些人。一个生活在“真空”里不和人交际的人，既算不上生意人，也谈不上成功。因此，我们完全有理由这样说：生意人的成功取决于其识人、处世水平的高低。

“知己知彼，百战不殆”，如何与人打交道，如何了解对方的心理活动，是生意人掌握处世技巧的第一课。掌握“读心”术，是生意人建立成功人际关系的秘诀。

1. 根据话题洞察说话者的内心

（1）有些人非常想要打听对方的真实情况，这是有意了解对方的缺点、期待能进一步掌握对方的心理反应。

（2）有些人对于他人的消息、传闻特别感兴趣，这种人很难获得真正的友谊。所以，他的内心是非常孤独的。

（3）有些人不断谴责领导的过错和无能，事实上是表示他自己想要出人头地的意思。

（4）有人借着开玩笑，常常破口大骂，或者是指桑骂槐，这是有意将积压在内心的欲求不满设法爆发出来的心声。

（5）喜欢在年轻人或部属面前自吹自擂的人，乃是不能胜任职务，或者赶不上时代潮流的人。

（6）有的人根本不在乎他人的谈话，而喜欢扯出与主题毫不相干的话题，这种人怀有极强的支配欲与自我显示欲。

2. 根据说话方式洞察说话者的心理

（1）说话声调很高昂的人，说明他有任性的性格。说话的抑扬程度非常激烈的人，大部分都属于自我显示欲很旺盛的人。

（2）一面仔细倾听，一面点头称是，这是认真听话的人。一面听话，一面点头，但不把视线集中于说话者的身上，那就体现出他对谈论的话题不感兴趣。

（3）表示太多不必要的点头，或者胡乱答话的人，其实是对对方谈话的内容不太明白。一面听话，一面称是者，大部分是不愿对方提出反对论调的顽固家伙。

（4）无缘无故小声说话的人，主要是对于事情缺乏足够的信心，大部分都带有女人的性格。

（5）希望把一个话题拉得很长，故意说个没完没了的人，是害怕别人提出反驳的根据。有人喜欢在语句末尾补添暧昧或含糊的词语，这是逃避责任的心理在作祟。

（6）说话很有决断的人，对于谈论的内容满怀坚定的信心。有意立刻得出结论来的人，也是害怕别人提出反对意见的表示。

（7）有人不断把视线脱离说话者，或拨动手指，这说明对话题已感到厌烦了。反复探询对方所说的话题，这是很有耐心，而且也是好奇心旺盛的人。

从名片偏好分析对方的性格

差不多每一个社会中的人，都会有一张印满自己头衔的名片。名片的种类各式各样，有的内容非常复杂，职衔颇多；有些像艺术家的手笔，构思新颖；有些就特别简单，只是打上自己的名字和电话，连地址也没有一个，似乎仅仅是告诉别人有这么一个人存在。

一个人所制作的名片既反映了自己在别人面前所展示的形象，又反映出他的想法和个性。

1. 使用黑白名片的人

使用白底黑字名片的人所透露出来的性格，给人一种踏实、勤勤恳恳的感觉，对新奇的东西没有感觉，做事情时照本宣科。

这种人是从接受正统教育圈子里走出来的，很少受到世俗观念的影响。小时候家人就觉得他是个听话的好孩子，从不违背大人的意愿。在学校里，老师也会认为他是好学生，从不调皮捣蛋，一直是品学兼优的好孩子。刚走出“象牙塔”迈入社会时，任何一个部门也都喜欢任用这样的人，因为这种人是勤奋办事而从不过问与自己无关事情的人。

这种人也希望自己所树立的形象让别人觉得他是个循规蹈矩、遵纪守法的人，而他本身也害怕惹麻烦，小心翼翼地为人处世。在这种人所经历的人生之路中，他们会觉得所走过的路大多数是正确的，也是人们认同的。而他们曾经所想象的东西，已经被消磨得无影无踪，目前他们只是为自己每天的生活奔忙而已。至于在人际关系方面，这种人属于慢性子，在短时间内，他们很难与一个人关系十紧密切，而且他们也不愿跟别人发展深层次的关系。

2. 使用压膜名片的人

如果一个人在印制名片时，要求印制价格较高的压膜名片，这说明他是个讲究的人，有着华丽的外表和虚荣的内心。这种人经常表现出自己大方的一面，特别是对这种能体现自己个性的东西，他会毫不吝啬的。

无论是在聚会场所，还是在家里，这种人都想突出自己的存在，经常以特别的言行举止吸引别人的注意力，一般情况下都比较含蓄而得体，让他人看不出他是在故弄玄虚。这表现他具有一定的真才实学，而且在他人眼里也是个不错的人。

在实际工作中，这种人也是聪明好学、勤奋工作的人，如果他的领导不是个嫉贤妒能的人，那他肯定会有机会展示他的才华和创意，但如果他的领导是个保守的人，就会觉得这种人是在过分炫耀自己。

这种人的朋友都觉得他是个有情趣和才华的人，当然有时也会觉得他太喜欢表现自己。

这种人同时也是个爱情上比较顺利的人，由于他喜欢展露自己，有较广泛的情趣，所以他很容易吸引异性的注意。同时，这种人又洁身自好，很少出去乱玩爱情游戏，使自己陷入困境而不能自拔。

3. 使用镶金边名片的人

喜欢金色东西的人在印制名片时，会选择镶金边的名片，这表明其毫不掩饰自己的拜金心态，也不介意他人知道自己具有见钱眼开、唯利是图的本性。在任何时候，这种人都懂得替自己争取利益，以极小的代价换取成倍的回报。这种人是从不放过任何赚钱机会的，而且可能很小的时候就是生意人，所以有着生意人所具备的一切素质。与人打交道时，这种人或许比较势利，但其很可能做得不太过分，所以一般人不会轻易察觉这点。

在这种人的心目中，相信钱可以改变一切，所以信奉金钱至上的原则，拼命努力去赚钱，希望用钱包装扮自己，以赢得别人的尊重。不过，这种人是聪明人，随着社会经验的增长，他知道钱是身外之物，如此获得的尊重是极不可靠和缺乏实质内容的。

4. 使用只印有姓名电话名片的人

一纸简单的名片上，只有姓名和电话，而其他一切资料无可奉告。拥有此种名片的人不外乎有两种：一种是此人已有一定的知名度，不必借此名片去作自我宣传；另一种就显得有些不可理喻，是故作神秘以引起人们的注意，还是不愿透露自己的实际情况？

无论哪一类人，他的本性都是不喜欢开放自己。他总是觉得没有安全感，怕别人知道太多关于他的事情并以此来对付他，甚至伤害他。

这种人是胆子不大但心细的人，在与别人打交道时，他会不露声色地观察别人的谈话和各种动作，悄无声息套取对方的资料，但却极力回避谈论自己的情况。因此，他很难与别人建立真正深厚的友谊和感情。

由于这种人不肯轻易敞开自己的内心世界，所以很难获得上司和同事们的信任，也极难得到提拔。在择业的时候，他们可能选择自由职业这一行，或者自己开公司当老板。

从握手观察对方的性格

握手是见面时最简单常见的一种礼节。美国有位心理学家指出，一个人握手时所采用的方式可以表现出他的个性，一些下意识动作能够表示他的思想。例如说，如果掌心向下，表示此人心高气傲，喜欢高高在上，其支配别人的意识非常强；如果掌心向上，则表示握手者性格温顺，乐于服从，而且为人谦虚恭顺；如果两人都垂直手掌相握，即表示两者都愿以彼此平等的地位相交。商务交际时，若对手是属于平等型，则交往时可以较为开放地表达自己的意见；如对手属于支配型，则应采取“顺毛摸”的办法，哄着对方就范；如对方是温顺型，则应实实在在和对方打交道，否则有可能“吓”跑对方，生意也肯定就会告吹。

现在，让我们再来看看握手的类型，看一看由美国心理学家列举的不同的握手方式及它们所流露的心迹。

1. 摧筋袭骨式

握手时，他紧抓你的手掌，大力挤握，令你痛楚难忍。这类人精力充沛，自信心强，为人则偏于独断专行，但组织能力及领导才能都很突出。

2. 沉稳专注型

他握手时力度适可，动作稳重，双目注视你。这种人个性坚毅坦率，有责任感而且可靠，思想缜密，善于推理，经常能为人提供建设性的意见。每当遇到困难时，他总是能迅速地提出可行的应付方案，很得他人的信赖。

3. 漫不经心型

他握手时只轻柔地握一握。此类人为人随和豁达，绝不偏执，颇有游戏人间的洒脱，谦和从众。虽然别人把他的手握得很紧，但他只握一下便把手拿开。在社交场合上，他表现得轻松自在，但内心却是实际而多疑，他不吃任何人的亏，如果对方突然变得很友善，他脑中便立即闪出小小的红色警告。他当然会和对方周旋一会儿，但这一会儿的时间，不过是用来发现对方真正的企图和动机。

4. 双手并用型

他握手时习惯双手握住你的手。这种类型的人热情忠厚，心地善良，对朋友最能推心置腹，喜怒形于色而爱憎分明。

当别人把他介绍给你时，他用双手握着你的手，有些人不太习惯他的开放作风，可能会抱怨他太过热情。但最后，这些人都大吃一惊，因为他们发现自己居然也用同样热情的态度来对待他。

5. 长握不舍型

握手时他握住你的手久久不放。此类人情感比较丰富，喜欢结交朋友，一旦建立友谊，则忠贞不渝。当他握着你的手，握了很长一段时间，看看谁先把手抽回来。这是一种测验支配力的方法。假使对方比他先抽手，那他便晓得可以比对方更有耐力，与对方交涉时可以有较大的把握。他经常使用这种方式，也因此获得对方重大的让步。

6. 用指抓握型

握手时他只用手指抓握住你的手，而掌心不与你接触。这种人生性平和而敏感，情绪容易激动。不过，他们是心地善良而富有同情心的人。

7. 上下摇摆型

握手时他紧抓你的手，不断上下摇动。此类人十分乐观，对人生充满希望，他们因为积极热诚而成为受人爱戴倾慕的对象。

8. 握手无力型

他和你握手时，就像想从湿拖把上挤出一丝丝的响应。他像典型的受害者，最大特色就是软弱和犹豫不决。人们经常在认识他 5 秒钟后，就会把他给忘到九霄云外。

9. 规避握手型

有些人从不愿意与人握手。他们个性内向羞怯，保守却真挚。他们避免和别人有身体上的接触，好像别人染上了瘟疫或得疱疹。总而言之，他们喜欢自己生活，自己睡一张床。

第三章

看透他人的心理策略

一眼看透她是否有外遇

外遇是非常隐秘的事，尤其是女人会更加小心谨慎，你的妻子是否有外遇，从她口中是很难得出答案的。但是，凡事都有征兆，像地震前果树开花一样，做丈夫的你要留心看你妻子是不是表现反常，以判定她是否有外遇。

1. 电话接通后对方不讲话就挂断

你家里的电话像是出了什么毛病，当你接通时，对方却没有讲话，你“喂”了几声后对方却把电话挂断了。这样的情况如果出现几次，这就是她有外遇的征兆。

2. 她突然与你争着接电话

过去，你家里电话铃声响起时，并不一定都是你的妻子去接听，突然从某一天起，她总是抢在你的前面去接听电话，并且交谈的声音比一般时候低，交谈几句就匆匆挂断了。

3. 她突然变得爱穿着打扮

撩人的内衣通常是外遇的必备品，每当你的妻子晚归时，身上总是穿着新买的内衣（胸罩、内裤、袜子），或者每当你的妻子出差、旅游、参加会议时，行李箱里总是带些性感的内衣，或用最好的化妆品，显得格外年轻漂亮，这些都很可能是外遇的征兆。

4. 往常的工作习惯、生活习惯的突然改变

你的妻子工作时间最近突然无故延长，加班的次数变得频繁，对单位的一切活动，如舞会、联谊会、旅游等参加得比往常积极。

5. 人在曹营心在汉

在家里时，你的妻子总是坐卧不安、心神不宁，梦中呓语呼唤着一个异性的名字，以往对你的关心一下子跑得无影无踪。

6. 谈话变得反常

你的妻子与你的谈话变得越来越少，电视看得越来越多；某个异性的名字突然常在她口中提及，或者以往常提的名字突然不提了；你的妻子开始说些不像平时所说的观点或笑话。

7. 性生活习惯突然改变

你的妻子找借口拒绝与你做爱，做爱时不再亲昵地呼唤你。不过，有时候也有与之相反的情况：她突然变得“性”致勃勃，要求变换一些新的做爱技巧，甚至花招层出，而很多新花招都是你不知道的。

8. 行踪可疑

你的妻子突然变得提前上班或晚归，当你打电话找她时，总是很难联络上；夜间加班或上进修课的时间比平常延长很多，总是不能如期而归；有人发现你的妻子经常与异性出入宾馆或饭店。

9. 可疑的物品

你的妻子经常带回礼物、纪念品或鲜花；你帮她洗衣服时发现情人节卡或某酒店、舞厅的优惠卡；你与妻子很久没有过性生活了，但突然从她提包或衣服口袋里发现了避孕套或避孕药。

10. 同事、邻居、同学、朋友看你的眼神很特别

当你的妻子有外遇时，通常知道最晚的是你自己，你的同事、邻居、同学或朋友可能都比你先知道，当他们亲眼看到或风闻你的妻子有外遇时，想告诉你又担心你承受不了，所以，他们看你时的眼神总是表现得与往常不一样。

11. 她不再企图说服你改变坏习惯

如果你有赌博、酗酒等不良习惯，过去你的妻子一直念叨着试图劝你改掉这些习惯，可现在她却突然不再唠叨了。

以上的种种行为是女人情感走私的通常表现，但这并不是说，凡有上述表现者一定都有外遇。不过，可以肯定地说，在 11 种表现中，如果其中有 8 种表现同时出现，经发现后仍无收敛，那么，她情感走私的可能性就很大了。

从男人的体型看性格

人们在工作或社交场合中总是把自己的内心包裹得严严实实，要想了解一个人的性格，并不简单。但是人至少有一样东西是难以包裹的，这就是他的体型。人的体型在意识范畴之外，然而却能反映内心。因此，我们可以通过体型来大致判断男人的性格。

德国心理学家和精神病学家克瑞其米尔曾经发表过《身体结构和性格》，最先将体型与性格联系起来，并进行归类和系统研究。

下面介绍几种不同的体型及其相关性格分析。

1. 肥胖型

这种体型的人的特征就是在胸部、腹部、臀部上厚积了一些赘

肉，一旦腹部等处凝聚大量的脂肪，俗称的“中年肥胖”便出现了。这类人能很快适应周围环境的变化，大多属于好动的人，乐于偷懒和被人奉承，有时在工作中要点小聪明。其中多数人容易被周围的人理解，是受欢迎的人。

他们的性格特征是热情活泼，喜好社交，行动积极，善良而单纯，经常保持幽默或充满活力，也有温文尔雅的一面。常常突然地变为喧哗或文静态度，属躁郁质类型。他们中有许多人是成功的企业家，他们的理解力和处理许多事物的能力强，但考虑欠缺一贯性，常失言，过于草率，自我评价过高，喜欢干涉别人的言行，喜欢多管闲事。

2. 略瘦削的健壮型

这类人争强好胜，无论什么事都愿意接受挑战。他们拥有坚强信念，充满自信心，坚持不懈，百折不回，判断及裁决迅速果断，坚信“天生我材必有用”，工作中是值得信赖的好伙伴，商业交往中也是好顾客。

但这种强烈个性有时会向极端的方向发展，表现为硬干到底、专制、不信任他人、态度不好。在工作中，如果有人无法默默地顺从他们的意志时，他们就会立即与该人断绝来往。

由于这类人欠缺思考，一旦在脑海中存在某种思想后，要想改变他们的想法便非常困难。

这类人缺乏人格魅力，即使有人因其出众的才华或拥有的权力而刻意奉谀他们，他们也都会与之保持一段距离，他们在家庭中也是非常容易被孤立的。与这种人接触和交往时，不可以与他们对立。因为这类人有一定的攻击性，在自己的正确性被认同之前，必会急切地主张自我的正当性，这类人被认为属于偏执质类型。

3. 苗条型

苗条是用来赞美女性身材好的词语，但也有一部分男人可以用“苗条”来形容，他们身材修长，具有很多女性的特质。苗条型的男人大多隐藏心事，给人无法接近和无从交往的感觉。

这类人最大的特色是冷静沉着。但其性格十分复杂，存在互相矛盾的地方，属于分裂质类型。对幻想中的事物兴趣大，不让他人了解自己内心世界或私生活，以冷漠面纱包装自己。

此类人不愿与平常人相交为友，而表现出一种令别人意欲与他们接近的贵族气质，他们身上常散发着一种浪漫情调。

他们专心于鸡毛蒜皮的小事，倔强而不肯包容，骄傲而外表冷漠，当无法下决心时，凭冲动决定事物。他们天生对手工艺、文学、美术感兴趣，对流行服饰感觉敏锐。对他人的一些小事非常热心，表现出优雅的社交风度。

与这类人交往时要知道他们其实内心善良，具有细腻的心思，生活严谨慎重，但又有点迟钝，意志薄弱，是很难交往的人。

4. 强健型

他们的特征类似黏液质类型，其第一特征是肌肉发达、体态匀称、头部肥大、筋骨强壮、肩幅宽阔，言行循规蹈矩、一丝不苟，诚恳忠厚，不少人是举重、摔跤选手或公司领导。他们的抽屉井然有序，字是用一笔一画的正楷写成的。

这类人的第二个特征是常以秩序为重，遵循规律，每天生活充实，一旦着手某种工作，必坚持到最后。

这类人的第三个特征是速度迟缓，说话绕弯子，唠叨不停，写文章谨慎而周到，却过于烦琐，洋洋洒洒一大篇。这类人是足以让人信赖但又欠缺趣味性的坚硬性人物，易被妻子提出离婚要求。这类人顽固执着，有拘泥于形式思考的习惯。如果你想把握这种类型的人，不妨偶尔利用闲谈或请客来尝试与他们接触。

从许多的事实来看，某种体型的人确实容易形成某种个性品质和特征，借此可以对人的心理进行粗略观察和初步判断。只要别过于呆板，也还是有一定效果的。

老板的手势有何含义

当你同老板交谈时，他说话的内容有时可能不会表达出他内心的真实想法或意图。这种情况下，就需要你对老板的手势加以观察和分析，进而了解、判断他的真实想法或意图。

正如前面所说，手势主要包括手掌姿势、握手姿势。具体来说，你可以通过观察老板的手掌姿势和握手姿势来了解他的真实想法或意图。

手掌姿势是一个人向对方表达自己诚意的重要方式。它主要包括这样两种姿势，即掌心朝上和掌心朝下。如果老板掌心向上向你伸出手掌，表示他对你坦诚开放或是信任，有“实话实说”的意义；如果老板向你伸手时掌心向下，则意味着他想向你显示他的权威，或是你必须服从他，再或是他想压制你。

握手的姿势主要分为平等式、顺从式和支配式三种。一般来说，老板在和下属握手时，不会采用顺从式。如果老板和你握手时，他主动采取平等式姿势，则表明他很在意你，更多是把你当成他的一个朋友，而不是下属。如果老板采取支配式姿势与你握手，则表明他想控制你，同时想向你显示他的主宰地位和尊严。如果老板和你握手时仅是象征性地轻轻触一下你的手，则表示他不太重视你，或是不太相信你的能力。

双手交叉和塔尖形的手势也是很多老板喜欢用的，如果他双手交叉，则表示他正试图压抑负面、否定的态度，而其双手交叉的高度和其负面情绪密切相关，双手交叉的高度越大，其负面情绪就越强。这种情况下，你可以采取某种措施让他放开紧握的双手，以减轻敌对情绪。如果他做出指头重叠的塔尖形手势，则表示他充满自信和优越感。

有些时候，老板喜欢把手放在背后以此来表现自己的威严，但是，如果他说谎或者有所隐瞒，也会不由自主地把手放在背后或者兜里。尽管以他的身份和地位没有必要因为欺骗你而感觉惊慌，但他还是会情不自禁地做出这种略显幼稚的动作。

勿闯老板的禁区

生活中有很多禁区，如私人住宅、公共区域里面的花园，以及军事禁区等。同样，在与老板相处的时候，也存在种种“禁区”，虽然它没有明确规定员工不得入内，但实际上却是绝不允许下属越权随意进入的。一旦你越权进入，不但加薪升职的愿望会化为泡影，更为严重的是，你的“饭碗”可能会因此不保。那老板究竟有哪些“禁区”是绝不容许员工随便进入的呢？具体来说，有这样一些“禁区”员工不得入内。

1. 不介入老板的家事

正所谓“家家有本难念的经”，老板的家同样也不例外，很多时候可能老板家的“经”还特别难“念”。作为员工，在任何时候都不可插手老板的家事，因为家事在某种程度上说就是私事。没有哪个人喜欢让自己的私事大白于天下，不然人们也不会说“家丑不可外扬”了。如果老板向你倾诉他的家事，你最好是左耳进右耳出，不发表任何评论。切忌不可将老板的家事当成茶余饭后的谈资，如果他发现你这样做了，毫无疑问，你的结局只有一个——让你马上离开公司。

2. 不评论老板的感情生活

在职场上，老板的感情生活一直是个敏感话题。对于那些道听途说的关于老板的“艳事”，你最好能一笑了之，切不可“添油加醋”，或是大肆传播，更不可去老板那儿探听口风。一旦那样的话，你很可能会马上收到一封辞退信。遇到这种事情，你最好三缄其口，不发表任何评论，好好干自己的工作。

3. 不代作决策

某些时候，老板可能会让你在办公室做一些案头工作，比如说起草文件，收发文件、合同等。这时你可不能“飘”起来，俨然自己成了老板。任何时候都要清楚谁是老板，谁是员工。因此，即使老板不在办公室，有关公司决策的事，你也无权代作任何决策，哪怕仅是一个很小的决策，否则就是越权。

4. 不能用命令的口气对老板说话

虽然我们一直强调，人都是平等的，但在职场上老板就是老板，员工就是员工，两者之间有一条鲜明的界限。老板用命令的口吻对员工说话那是正常的，如果员工也对老板采取命令的口吻说话，在通常情况下，老板是不能接受的。因为这样会让他觉得自己的尊严、地位、权力受到了你的严重挑战。这种情况下，他很可能会让你走人。

美女型的老板

王冉冉在一家私营企业工作，从事着自己喜欢的工作，有着较好的薪水和地位，唯一不满意的是自己的女上司为人蛮横、刻薄。王冉冉每天上班都有一种直面“黑色星期一”的感觉，她怕见到女上司那张苦瓜脸，但是，如果辞职的话就得付出沉重的代价。她一直记着“韬光养晦”这个成语，用“小不忍则乱大谋”“人生有得就有失”等至理名言来调节自己的心态。但是，自我感觉极好、缺少大气的女上司却总爱把她和其他下属当成幼儿园的小朋友来对待，以为别人什么都不懂，整天看着、管着。殊不知，她的这种工作方式造成了下属工作应付了事，主动出击的主观能动性跑得无影无踪。文化不高的女上司将粗暴的管理方式理解为工作能力强，将下属不和她顶撞理解为自己威信高，将下属的工作成果毫不犹豫地占为己有而沾沾自喜。可悲的是，她一点也不知道自己在下属和别人眼中的形象是多么差。最后，王冉冉终于做不到“好汉打落牙齿和血吞”而揭竿而起，与她的上司理论一番后辞职了。

再来看冯丽的遭遇吧。冯丽在机关工作，爱好写文章，文字功底很深厚，女上司的工作计划、总结、评职称的论文都出自她的手。但是，女上司却没有记她的情，见她的文字和摄影作品还频频出现在报刊上，心里就不平衡了，在工作评议会上作出如下评价：冯丽，兴趣爱好太广泛，爱出风头，心思没有用在工作上等。冯丽因此十分生气。

这种女上司真是让人受不了，有人把这种美女型老板戏称为“美女蛇”，就是指怀有畸形虚荣心的女老板。对于“美女蛇”来说，她们把获得权力以及优势变成自己的最终目标，只要追求的目标占据了上风以后，她们就整日使得自己的精神生活变得紧张兮兮，马不停蹄地朝着这个目标奔驰，将自己变成一种不断追求更大胜利的工具。

虽然说，虚荣心人人都有，但是，超过了一定的上限以后就变成了小人的性格。虚荣妨碍她们在生存法则中按规矩行事，最常见的情形是她们变成了干扰下属活动的人。所以，一旦无法满足自己的虚荣心，她们会费尽心思地去阻止其他人表现。她们的虚荣心在危险的处境中能够表现出她们的勇敢来。她们常常为了自己未能实现高享受的生活而寻找借口。事实上，她们的虚荣心只有在梦想中才能获得满足。

这种老板一旦失去了现实感，就变得十分介意他人的看法。她们所关心的就是自己留给人们的印象。她们的行动自然由于其生活方式而受到巨大的限制，结果其性格也变得虚荣了。她们常常在犯了错误的时候，想尽办法把责任推到员工的身上，以表现自己的英明和伟大。让人觉得她们从来都是对的，而别人从来都是错误的。

强烈的虚荣心让她们一直希望别人把自己当成重点，一旦当她们感觉到别人的忽略，她们就会觉得受到了奇耻大辱，她们的情绪常常会转变成对对方的嫉恨。嫉恨的怒火让她们不惜一切代价去打击和报复别人。

虽然她们表面上装得高雅可贵，但心地却并不善良，不仅十分冷酷无情，而且非常奸诈阴险。有时为了达到贪图富贵的目的，她们还会出卖自己的肉体，把有钱或者有权势的男人看成自己的猎物。对勾引到手的男人，骗到了钱财以后，如果再也没有利用价值了，就立刻找机会甩开他。

态度专横的老板

“专横型”的老板，个性非常好胜，总是希望下属对自己唯唯诺诺，不允许有任何意见。

但如果为了讨好这种类型的老板，勉强自己该说“不”而不说时，他们则会更加猖獗和狂妄。

所以，不要畏惧，勇敢地说出自己的心声吧！

“今天下班以前，你一定要把这些工作做完。”

当“专横型”的老板向你提出这种要求，而你判断当天不可能完成此项工作时，就应该当即清楚地对老板说：“请再多给我一天的时间！”

在这种情况下，当下属以毅然决然的态度，向老板说出“不”时，专横型的老板会就有所收敛。

“专横型”的老板虽然喜欢下属唯唯诺诺，但内心却暗暗嘲笑这些唯命是从的下属是没有骨气的家伙，所以你若能一反惯例，以先礼后兵的态度大大方方地说出正当的理由时，虽然他内心可能会感到不舒服，但也会暗自流露出钦佩的感觉，并且会告诉自己说：“他这家伙还真不赖！”从而对你刮目相看。

当“专横型”的老板大发雷霆时，千万不要阻断他的话，也不要立即加以反驳，最好的对策是先让他把话说完，然后再摆出反击的姿势加以“攻击”。

因为当此类人怒气冲天大发脾气时，如果加以阻挡，就等于是火上浇油，只会使事情闹得更僵，所以应该让他把话说完。

而当他焦虑时，他们会使自己变成铁石心肠，以为这样就不会害怕了。因此，他们扮演“大人物”角色到了荒唐可笑的地步。他们中还有一些人（尤其是男性）竭尽全力地抑制所有的恋情和柔情，因为在他们看来，这些情感是软弱的象征。“专横型”的人表现出残忍和野蛮的性格特征，他们对整个世界都持敌对的态度。在有意识的层面上，他们的自我价值感可能达到了极高的程度。

由于这种自我价值感，他们可能骄傲自大、目空一切、洋洋自得、自以为是，他们处处表现出自己是世界的征服者。

这些人往往习惯于在自己单位中发号施令，他们中有些人本来无力成就任何事业，但如果是他人在发号施令，而他们必须俯首听命，那他们就会激动不安、焦虑万分。

在和平安定的年代，他们是商界或社会小团体的领袖人物。他们总在最引人注目的地方出现，他们促使自己进入前台，而且总滔滔不绝地讲述。只要他们不破坏别人生活中的游戏规则，我们对他们便没有多少异议，虽然我们并不同意当今世界对他们所做的过高的评价。

“专横型”人物的目标意识非常强烈，征服欲望十分强烈，尤其对于比自己优秀的人，敌视倾向更为明显。他们一般固执好胜，一厢情愿地发表自己的看法，不会考虑别人的立场。衣、食、住方面追求豪华，然而对金钱的态度却是吝啬且斤斤计较，即使只有一元的误差，也不容许。

从工作的习惯观察你的老板

古人云：“良禽择木而栖，良臣择主而事。”而作为一个现代人，如何识别一个老板是优秀的还是拙劣的，与自身的前途休戚相关。这里向你推荐一套识别老板能力的测试法，请参考使用。

1. 专业知识转化能力的识别法

他是否研究过本领域中已经做出或正在做出优异成绩者的方法和想法？他是否能跟上其他地方的发展趋势？他是否经常尝试由调查研究得出新的方法？

2. 对公司政策理解能力的识别法

他是否能彻底理解目前公司的全部政策？他是否能辨别重要战略与例行政策？他是否真诚地用恰当的方式向有关人员解释所有的政策？他是否预见到对新政策的需要并提出相关的建议？

3. 计划能力的识别法

他在给下属分配任务时，是否在切实可行的基础上发挥了他的最大才能？他在计划和组织方面是否显示出首创精神和才能？他是否预见到工作中的困难与变化并早作安排？他是否鼓励下属参与同工作有关的计划和组织工作？

4. 指挥、协调和控制能力的识别法

他是否按时完成自己的计划和工作目标？他是否经常对自己的决定承担完全责任，而并不苛责他人？他对工作质量和精确性的控制是否一致并保持高标准？他是否经常注意改进方法并把全体有关人员协调成有效的整体？

5. 人员选拔和培训能力的识别法

他是否善于选拔和安置合适的人员？他发出的指示是否简洁明了？他是否是一个能干的在职指挥者？他在培训每一职位上的见习人员方面是否非常有效？他是否赏罚分明，向他们解释成果并帮助他们提高绩效。

6. 人际关系方面的能力的识别法

他是否总是体贴和关心下属？他是否有情绪上的稳定性和善于用高尚的人格来赢得群体的信任，鼓舞下属的士气？他是否能明智而有效地维持纪律？他在处理困难问题时，是否机智、灵活、沉着、稳重？

7. 公共关系方面的能力的识别法

他是否在思想和行动上与同事们保持一致并良好地合作？他是否促使下属忠于组织而不是忠于他个人？他是否力图改进他自己的以及其下属的公众关系？他能否建设性地处理困难的公共关系问题？

如果在上述问题中，有一半以上回答是肯定的，作为一个老板，他的能力只是一般；如果有 2/3 以上回答是肯定的，作为老板，他的能力是合格的；超出以上比例的肯定答案，则为优秀老板。

从老板的领导方式看他

1. 决策型领导方式

采用决策型领导方式的老板认为，他们的工作就是创立、设计和实施左右企业未来命运的战略。因为他们的位置能够俯瞰企业的各个角度，所以他们有能力去决定企业的资源分配和经营方向。

老板通过各种行为来明确企业的目的和出发点。老板把 80% 的时间用在和企业经营有关的外部事物上，如顾客、竞争者、技术优势和市场趋势，而并非控制人力系统等内部机制。

这些老板看重的是他们能委派日常经营业务，拥有高度分析能力和计划能力。

打开一个决策型老板的日程表，你能发现他的时间分配集中于同一主题：收集、总结和分析数据。这些老板们的主要工作就是为了制订下一步战略决策，收集和测试市场、经济趋势、顾客购买模式、竞争对手的生产能力等企业经营的外部因素信息。为了增加信息的来源，他们往往求助于公司的行动小组或者咨询专家，如饥似渴地从刊物、市场调查等信息途径获取需要的数据。

决策型老板想了解顾客的心理，尽量多搜集关于竞争对手的技术、竞争优势和客户集团的资料。决策型老板集中精力去了解企业的能力，企业决策的贯彻程度。企业擅长什么呢？企业的业务开展情况怎样？企业最低的成本、交货速度怎样呢？总之，决策型老板致力于判断企业的经营状况，选择企业的奋斗目标，制订连接二者之间的经营战略。

在许多成功的企业中，老板谨慎地分析经营环境，决定企业需要的管理特征，接着选择相应的领导方式。有时，老板所选择的领导方式和老板的性格相符，有时却又不相符。经研究得出，为了能成功地经营企业，一些出色的老板需要压抑其性格特点，或者培养自己所不具备的一些特性。

2. 以人为本的领导方式

与上一类领导方式不同，以人为本的老板们相信决策的制订，是接近市场的一线经营单位的责任。所以，他们的主要责任是，通过关注人才的成长和发展替企业灌输价值观和行为意识。他们经常出差，把大部分时间用在招聘、职业规划和工作检查等活动上。

他们的目标就是创建一个企业各级员工可以像经理一样制订和实施企业的经营决策的管理模式。他们重视的是展现“公司行为方式”的长期员工，而不是无视规范独来独往的天才。

许多采用这一领导方式的老板都觉得，由老板制订长期经营决策是不明智的做法。反之，他们认为在独特的企业中，成功的关键依赖于间接控制，就是由企业员工来制订决策，让员工和顾客们打交道、开发新产品等。

他们能够赋予员工权利，使员工在未经公司许可的情况下快速而果断地采取措施。这种权利只交付给那些根据公司原则从事的员工，在一个以人为本的老板管理的公司中，这样的员工人数众多。

基于价值观和企业日常实施决策时所培养员工行为的等同性，是以人为本领导方式的主要思想。

3. 专业型领导方式

采用专业型领导方式的老板认为，他们的责任就是选择或在企业内部吸收专业知识，把它转化为企业的竞争优势。在他们的日程表上，主要工作与培养或发展专业技术有关。

例如，学习新的技术，分析竞争者的产品，接见工程师和顾客。他们往往集中精力于设计一些培训计划、提拔政策等程序，用于奖励拥有专业知识的专家，并且把专业知识在企业内部传播。

他们比较倾向于雇用接受过专业培训的员工，同时不断地寻求对专业知识能乐于接受、灵活掌握的人才。

在日常工作中，专业型老板的覆盖面大于其他任何类型的老板，他们不涉及企业经营的具体细节。与之相反，他们集中精力于企业政策的定型，以此来增加企业的竞争力。

专业型老板很少在分析和收集数据上花费时间，他们会指导专门员工去为他们收集信息，以使他们了解哪些技术或者竞争能力和消费者紧密相关，企业怎样才能做得更好。

一个专业型老板把大部分的时间用在调整企业的专业领域上，向外界传递企业的技术优势。比如，摩托罗拉公司的前任老板罗伯特·高尔文在质量问题讨论完之后就离开，由此可见，他知道什么是企业的唯一竞争优势，质量是他最关心的。

从面部表情识别同事的心理

观色是指观察人的脸色，获悉对方的情绪。这与老猎人靠看云彩的变化推断阴晴雨雪是一个道理。

人类的心理活动非常微妙，但这种微妙常会从表情里流露出来。如果遇到高兴的事情，脸颊的肌肉会松弛，一旦遇到悲哀的情况，也自然会泪流满面。不过，也有些人不愿意将这些内心活动让别人看出来，单从表面上看，也许会让人判断失误。

1. 没表情不等于没感情

生活中，我们有时会看到有些人不管别人说了什么，做了什么，他都一副无表情的面孔。其实，没表情不等于没感情，因为内心的活动如果不呈现在脸部的肌肉上，那就显得很不自然，越是没有表情的时候，越可能使感情更为冲动。

2. 愤怒悲哀或憎恨至极点时也会微笑

这种情况下，眼光与面部表情不同，一般人们说脸上在笑、心里在哭的人正是这种类型。他们纵然满怀敌意，但表面上却要装出谈笑风生，行动也落落大方。

他们之所以要这样做，是觉得如果将自己内心的欲望或想法毫无保留地表现出来，无异于违反社会的规则，甚至会引起众叛亲离的现象，或者成为大众指责的罪魁祸首，恐怕受到社会的惩罚。

因此可见，观色常会产生误差。满天乌云不见得就会下雨，笑着的人未必就是高兴。很多时候人们把苦水往肚里咽，脸上却是一副甜甜的样子；与之相反，脸拉沉下来时，说不定心里在笑呢！

同事的言谈：倾听他人的心声

有个穷人患病，病情渐渐严重，医生说他没有希望了，病人祷告众神，说如果能病好下床的话，一定设百牛祭，送礼还愿。他妻子正站在旁边，听他这么说，便问道："你从哪儿弄这笔钱来还愿呀？"他回答道："你以为神如果让我病好下床，是为了向我要这些东西吗？"

这故事是说，实际上不想做的事情，人们倒最容易答应下来，人有时候心口不一，由此看来，察言是很有学问的技巧，人内心的思想，有时会不知不觉在口头上流露出来，因此，与别人交谈时，只要我们留心，就可以从谈话中探知别人的内心世界。

1. 把剩下的话吞下去：没有自信的人

这类同事是属于对自己没有自信的人，对自己没有信心，对人际关系更没有信心。从他们的心态上来讲，话讲到一半就被人打断，甚至转移话题，这是非常不尊重他们的表现。他们觉得受这样的污辱是很见不得人的，所以尽可能地把话吞下去，而且还希望大家不会注意到他们，就当作没讲。这是一件令他们很难过的事，而他们就是那种受气也不吭声的人。

2. 等对方说完：沉得住气的人

这种同事是那种话不说完，心里不舒服的人。一旦有人不尊重他们，打断他们说话，他们就等对方讲完，再接下去讲。从这点可以看出，他们是一个很沉着稳重的人。虽然他们知道对方不尊重他们的发言权，但他们又不便当面翻脸，只好耐心地等对方说完，再以很有君子风度的样子继续讲完。一来可以避免话没讲完的尴尬，二来可以给对方一个教训，他们懂得这是很好的制敌之术。

3. 马上要求对方尊重他：盛气凌人的人

这种同事气势凌人，颇有领导人的架势，在他们讲话的时候，不许别人插嘴或打断，否则他们不会坐视不管，会当面警告对方，要尊重他们的发言权。他们的性格是很主观的，而且是以自我为中心的人，他们想做的事，就会按照自己的意思来做，不容许别人干涉。一旦有人干涉，他们会毫不客气地提出纠正，这除了要有很大的自信外，也要有很大的勇气和实力，你这种直接响应对方的做法，很容易和对方起冲突。

识别职场中同事的类型

学会与人相处，可以让你少走弯路，尽早成功。其实，每一个人要取得成功，仅有很强的工作能力是不够的，你必须两条腿走路，既要努力做好自己分内的工作，又要处理好人际关系。

事实上，由于文化程度、兴趣爱好、家庭背景以及观念的差异，我们所遇到的人也就各种各样、形形色色。倘若你明白对方是属于哪种类型的人，对症下药，见机行事，交流起来就容易多了。哈佛大学公关学教授史密斯·泰格总结了在职场上与各种人相处的种种类型。

1. 无私好人型

这种同事因为他们确实是天底下最善良的人，往往容易被人忽略，他们不会坏你的事，所以你可能也会忽视或者拿他们不当一回事。如果那样的话你就错了，其实他们才是你可以真心相处的朋友。“办公室里无友谊”的论断，在这些人身上就会失去意义。

2. 固执己见型

这类同事一般观念陈旧，思想老化，但又坚决抵制外来的建议和意见，自以为是、刚愎自用。对待这种人，仅靠你三寸不烂之舌是难以说服他的。你不妨单刀直入，把他工作和生活中某些错误的做法一一扩大列举出来，再结合眼下需要解决的问题，提醒他将会产生什么严重后果。这样一来，他即使当面抗拒你，内心也开始动摇，怀疑起自己决定的正确性。这时，你趁机摆出自己的观点，动之以情，晓之以理，那么，他接受的可能性就大多了。

3. 傲慢无礼型

这种同事一般以自我为中心，自高自大，常摆出一副盛气凌人、唯我独尊的架势，缺乏自知之明。和这种人打交道或共事，你千万不要低三下四，也不要以傲抗傲，你只需长话短说，把需要交代的事情简明交代完就行。如果求他办事，那就另当别论了。

4. 毫无表情型

这种同事就算你很客气地和他打招呼，他也不会做出相应的反应。按心理学中所说，叫无表情。无表情并不代表他没有喜怒哀乐，只是这种人压抑住了感情，不表露出来罢了。所以，对于这种人，你无须生气，只需把你想说的继续往下说，说到关键时刻，他自然会用言语代替表情。

5. 沉默寡言型

这种同事一般性格内向，不善言辞与交际，但并不代表他没话说。和他共处，你需要把谈话节奏放慢，多挖掘话题。一旦谈到他擅长或感兴趣的事，他马上会“解冻”，滔滔不绝地向你倾诉起来。

6. 自私自利型

这种同事一般缺少关爱，心里比较孤独。他永远把自己和自己的利益放在第一位，你要他做些于己不利的事，那你便难于和他沟通了。和这种同事相处，你必须从心灵上关注他，让他感受情感的温暖和可贵。

7. 生活散漫型

这种同事缺乏理想和积极上进的心，在生活中比较懒惰，工作上缺乏热情。和这种同事相处，你只有用激将法把他的斗志给激发出来。

8. 深藏不露型

这种同事自我防卫心理特强。害怕你窥视出他内心的秘密，其实，这是一种非常自卑的表现。你想了解他们的为人和心理，不妨和他们坐在一起多喝几次酒，他们会酒后吐真言。

9. 行动迟缓型

这种同事一般思维缓慢，反应通常迟钝。他做朋友可以，和他共事，就不是理想的搭档了。

10. 草率决断型

这种同事乍看起来反应敏捷，常常在交涉进行到高潮时，忽然做出决断，缺乏深谋远虑，容易判断失误。和他相处最好的办法就是经常给他泼泼冷水，让他保持清醒的头脑，不能感情用事草率作决定。

11. 搬弄是非型

这种同事与前一种类型的人相比有质的不同。他们可能嘴也不愿闲着，到处打听其他人的隐私，并乐于制造、传播一些谣言，企图从中获得些什么。而且，在他们的心中，任何人都不在话下（领导除外），而他们自身却没有什么所长。这种人让你讨厌，但他们并不可怕。所以，你也不必如临大敌，与他们计较。只要他们说的构不成诽谤，又能伤着你什么呢？

小人不可不防

伪诈的人的本质是不老实，但有些不老实的人作伪，会被一眼看穿，伪而加诈那就不易被发现了。因为这种人善于矫饰，能隐藏其本质，给人以假象，故能迷惑人，要辨其真伪就难了。也因其难辨，这种人干的罪恶勾当就难于被发现，其害就越大。

凡行诈作伪的都是为了个人不可告人的目的，如让这种人掌权，必谋私以害公，为此必然是结党营私，所干的也就害国害民，其权力越大危害越大。

善于弄虚作假的人，巧于掩饰，为求做到天衣无缝，使人无从窥见其真面目，因而得以窃取名誉使人信任，夺得权力以行其恶。这种大奸若忠、大恶若善的人，当其罪恶行为被揭露，国家和人民都已遭受其害，要想纠正已来不及了。所以，对于善于矫饰的人，不可不警惕！

南宋时，为了“精忠报国”，年轻的岳飞应募从军，参加抗金斗争。很快他就成了一名能干的军官，并组建了“岳家军”。岳飞有句名言：“饿死不掳掠，冻死不拆屋。”

不久，宋军从金兵手中收复大片失地。1140 年秋，岳飞率领军队在河南大败金兵，并准备把金兵赶回东北老巢。就在他踌躇满志之时，皇帝却连发十二道金牌，召他班师回朝。他和将帅们收复国土的宏图大志也不得不半途而废。

原来这是当朝丞相秦桧捣的鬼。当时宋朝的内部分为主战与求和两派，秦桧是当朝最大的实权派，也是最富有的官僚。为了保存财产与官职，他主张尽快求和。求和的先决条件是除掉主战派代表岳飞。秦桧绞尽脑汁，终于有了办法。他首先诬陷岳飞手下的将领张宪谋反，然后又诬陷岳飞之子岳云给张宪写过谋反信，说他们是同谋。凭借这些诬陷的罪名，岳云与张宪就稀里糊涂地被关进了监牢。接着，他又借口质问岳飞几个问题，令他到当时的国都临安（今浙江杭州）去。岳飞一到临安，就被捕入狱。

为了找借口处死岳飞，秦桧宣布岳飞、岳云和张宪共同策划谋反。抗金名将韩世忠对此愤愤不平，他质问秦桧："岳飞抗金，何罪之有？岳飞谋反，证据何在？"秦桧支支吾吾，做出如此回答："飞子云与张宪书虽不明，其事体莫须有。""莫须有"的意思，就是"大概有""或许有"。按照秦桧的授意，岳飞三人很快就被判处死刑。公元1142年春节的前一个晚上，岳飞在杭州风波亭遭到杀害，当时他只有39岁。

秦桧知道，凭正当手段是无法除掉岳飞的，他就只好加给岳飞一个"莫须有"的罪名，也就是仅仅凭猜测来给一个无辜者定罪，也就是无中生有地诬陷。由于这个颠倒黑白的故事，"莫须有"这个词一直流传至今。

像秦桧这样的小人没有道德负担，没有在基本道德意识之上产生的社会责任感，因而在小人的心目中不存在所谓的群体大局、国家大事。小人心中的"大事"就是他的个人私利，就是他强烈欲望的满足，除此以外不会有任何别的内容。我们正常人所接受的教育是"国家和集体的利益高于一切"，而小人所接受的自我教育则是"个人的利益高于一切"，而且要坚决地凌驾于国家、集体利益之上，甚至将国家和人民的利益彻底取消。这种观念上的分野使正常人和小人在面对某些事关国家、集体大局的选择时往往会做出完全不同的取舍，而这种取舍所引致的后果也是截然相反的。

不给小人怀疑你的机会

狼为什么不吃死食？因为狼生性多疑，怕吃了中毒。小人也同狼一样，因为他们经常欺上害下，所以他们又最怕被人害。因此，君子常说“害人之心不可有”，而小人常说“防人之心不可无”。比如，你当着小人的面与另一人悄悄耳语，小人就一定怀疑你有什么不轨之心。这也就是狼为什么昼伏夜出，为什么总避开人但又不想离人太远的缘故，因为它既想吃掉你，但还得防着你。

“安史之乱”平定后，立下大功并且身居高位的郭子仪并不居功自傲，为防小人嫉妒，他反而比原来更加小心。有一次，郭子仪生病了，有个叫卢杞的官员前来拜访。此人乃是中国历史上声名狼藉的奸诈小人，相貌奇丑，生就一副铁青脸，脸形宽短，鼻子扁平，两个鼻孔朝天，眼睛小得出奇，世人都把他看成是活鬼。正因为如此，一般妇女看到他这副尊容都不免掩口失笑。

郭子仪听到门人的报告，马上下令左右姬妾都退到后堂去，不要露面，他独自等待。卢杞走后，姬妾们又回到病榻前问郭子仪：“许多官员都来探望您的病，您从来不让我们躲避，为什么此人前来就让我们都躲起来呢？”郭子仪微笑着说：“你们有所不知，这个人相貌极为丑陋而内心又十分阴险。你们看到他万一忍不住失声发笑，那么他一定会记恨在心，如果此人将来掌权，定会报复，我们的家族就要遭殃了。”

后来，这个卢杞当了宰相，极尽报复之能事，把所有以前得罪过他的人统统陷害掉，唯独对郭子仪比较尊重，没有动他一根毫毛。

这件事充分反映了郭子仪对待小人的办法既周密又老练。也说明了凡小人都像狼一样，不但狠毒，而且生性多疑。所以，与小人接触的时候，切记不要让他对你有任何疑心。

有人说“君子不念旧恶，小人常怀嫉恨”。有人把“小人”比作“狼”，因为小人不但像狼一样恶毒残忍，而且亦像狼一样生性多疑。对于生性多疑的人，不管是不是小人，都应该远离他。

借力打力躲过小人的陷害

奸诈小人最善背地里暗算他人，他害了人，人也不知被其所害，甚至被害人者所杀还不知谁是刽子手。对于奸诈的人，很难窥测其内心世界，他们表里不一：或笑颜常开，或关怀备至，或卑躬屈膝，因而使人对他感到可亲、可爱、可信。

他们正是利用这些假象掩盖他所隐藏的利剑，在你毫无警备的情况下栽在他的手里。因此，对奸诈的人切不可近，不得已而近之，也要千万小心，经常警惕，以免落入他的圈套。

战国时候，张仪和陈轸都投靠至秦惠王门下，受到重用。不久张仪便产生了嫉妒心，因为他发现陈轸很有才干，比自己强得多，担心日子一长，秦王会冷落自己，喜欢陈轸。于是他便找机会在秦王面前说陈轸的坏话，进谗言。

一天，张仪对秦惠王说：“大王经常让陈轸往来于秦国和楚国之间，可现在楚国对秦国并不比以前友好，但对陈轸却特别好。可见，陈轸的所作所为全是为了他自己，并不是诚心诚意为我们秦国办事，听说陈轸还常常把秦国的机密泄露给楚国。作为大王您的臣子，怎么能这样做呢？我不愿再同这样的人一起做事。最近我又听说他打算离开秦国到楚国去。要是这样，大王还不如杀掉他。”

听了张仪的这番话，秦王自然很生气，马上传令召见陈轸。一见面，秦王就对陈轸说：“听说你想离开我这儿，准备上哪儿去呢？告诉我吧，我好为你准备车马呀！”陈轸一听，莫名其妙，两眼直盯着秦王。但他很快明白了，秦王是话中有话，于是镇定地回答：“我准备到楚国去。”

果然如此，秦王对张仪的话更加相信了，于是慢条斯理地说：“那张仪的话是真的？”原来是张仪在捣鬼！陈轸心里完全清楚了。他没有马上回答秦王的话，而是定了定神，然后不慌不忙地解释说：“这事不单是张仪知道，连过路的人都知道。从前，殷高宗的儿子孝己非常孝敬自己的后母，因而天下人都希望孝己做自己的儿子；吴国的大夫伍子胥对吴王忠心耿耿，以致天下的君王都希望伍子胥做自己的大臣。卖仆妾时如果能卖到邻里，这就说明他们是好仆好妾，因为邻里人了解他们才买；一个女子出嫁，如果同乡的小伙子争着要娶她，这就说明她是个好女子，因为同乡的人了解她。我如果不忠于大王您，楚王又怎么会要我做他的臣子呢？我一片忠心，却被怀疑，我不去楚国又到哪里去呢？”

秦王听了，觉得有理，点头称是，但又想起张仪讲的泄密的事，便又问：“既然这样，那你为什么将我秦国的机密泄露给楚国呢？”陈轸坦然一笑，对秦王说：“大王，我这样做，正是为了顺从张仪的计谋，用来证明我是不是楚国的同党呀！”

秦王一听，却糊涂了，望着陈轸发愣。

但陈轸还是不紧不慢地说：“据说楚国有个人有两个妾。有人勾引那个年纪大一些的妾，却被那个妾大骂一顿。他又去勾引那个年轻一点的妾，年轻的妾对他很友好。后来，楚国人死了。有人问他：‘如果你要娶她们做妻子的话，是娶那个年纪大的呢，还是娶那个年纪轻的呢？’他回答说：‘娶那个年纪大些的。’这个人又问他：‘年纪大的骂你，年纪轻的喜欢你，你为什么要娶那个年纪大的呢？’他说：‘处在她那时的地位，我当然希望她答应我。她骂我，说明她对丈夫很忠诚，现在要做我的妻子了，我当然也希望她对我忠贞不贰，而对那些勾引他的人破口大骂。’大王您想想看，我身为秦国的臣子，如果我常把秦国的机密泄露给楚国，楚国会信任我、重用我吗？楚国会收留我吗？我是不是楚国的同党，大王您该明白了吧？”

秦惠王听陈轸这么一说，不仅消除了疑虑，而且更加信任陈轸，给了他更优厚的待遇。

小人是不会当着你的面中伤、算计你的，他们会在你背后，在你不知不觉的时候给你一刀，或者挖好了陷阱等你走进去。这就需要你通过一些蛛丝马迹察觉小人的阴谋，最好能顺着小人给你的路，跳过陷阱。

图书在版编目（CIP）数据

人际关系心理学 / 宿文渊编著. -- 北京 : 线装书局, 2018.3（2019.6）
ISBN 978-7-5120-3025-1

Ⅰ. ①人… Ⅱ. ①宿… Ⅲ. ①人际关系学—社会心理学 Ⅳ. ①C912.11

中国版本图书馆CIP数据核字(2017)第302352号

人际关系心理学

编　　著：宿文渊
责任编辑：姚　欣
出版发行：线装书局
地　址：北京市丰台区方庄日月天地大厦B座17层（100078）
电　话：010-58077126（发行部）010-58076938（总编室）
网　址：www.zgxzsj.com
经　　销：新华书店
印　　制：三河市恒升印装有限公司
开　　本：880mm×1230mm　1/32
印　　张：8
字　　数：190千字
版　　次：2018年3月第1版　2019年6月第4次印刷
印　　数：15001—215000册

线装书局官方微信

定　　价：36.00元